현장기반 사례관리

현장기반 사례관리

장덕희 · 김성준 · 김소희 · 김정기
김혜수 · 성준엽 · 엄혜련

KNOWLEDGE COMMUNITY 공동체

출간에 즈음하여

이 교재는 대학 사회복지교육에 있어서 현장성 강화가 중요하다는 의지에서 시작되었다. 특히 사회복지학과를 졸업한 후 사회복지사로 현장에 바로 투입되더라도 부침이 없는 역량이 필요하다는 교수자의 바람을 담고자 노력했다. 학생들이 사회복지현장실습을 마치고 강의실로 돌아오면 한결같이 현장기반 학습이 중요하다고 입을 모은다.

사례관리를 준사례관리자 또는 자원봉사자로 참여해 본 경험이 있는 학생들은 현장실습에서 두각을 보인다. 그리고 그들은 사회복지현장실습 참여 만족도가 높고, 사회복지기관 입직에서도 유리하다. 평소 대학에서 사례관리를 강의하면서 사례관리 실천연습을 강조해 오고 있었다. 사례관리 동아리를 결성하여 짧은 실습을 경험하도록 하고, 수업 후 최소한 1개월에서 길게는 1년 정도 사례관리 현장실습(Case Management Practice)을 하도록 하는데 이때 우리에게 많은 도움을 준 곳이 바로 포항시장애인종합복지관이었다.

포항시장애인종합복지관 전 김지웅 관장님의 격려에 힘을 얻어 복지관의 사례관리팀을 중심으로 현장중심 사례관리 경험을 교재에 담아보고자 하는 선한 마음으로 집필을 시작하였다. 이 교재의 사례는 포항시장애인종합복지관 사례관리팀이 개입한 실제 사례이고, 집필자가 슈퍼비전을 담당한 사례이며, 무엇보다 이 사례를 교재로 소개할 수 있게 동의를 해주신 클라이언트 덕분에 현장감 넘치는 교재로 완성될 수 있었음에 사의를 표한다.

교재 구성에 있어서 먼저, 1부에서는 사례관리의 기본개념과 이론적 토대, 그리고 사례관리의 구성요소에 대한 설명을 중심으로 기술하였고, 2부는 사례관리 과정에 대한 이해와 과정별 실습을 통한 역량 향상을 목적으로 교재를 구성하였으며, 마지막 3부에서는 실제 사례관리과정별 연습을 통한 활동 내용을 기록지에 작성할 수 있도록 현장성 강화에 주력하였다. 실습기록지는 QR코드로 다운받아 실습을 할 수 있도록 구성하였다.

PREFACE

사회복지현장을 배제하고 교재를 작성한다는 것은 사회복지학문에 있어서 이론과 실제의 통합에 균형감을 상실한 것으로 보아, 본 교재에서는 무엇보다 강의실 안의 학생들이 현장에 대한 두려움을 없애고자 노력했다. 나아가 사례관리에 대한 기본적인 기술역량을 겸비하도록 하는 데 중점을 둔 우리의 노력이 간과되지 않기를 희망한다.

마지막으로 중꺾마('중요한 것은 꺾이지 않는 마음'의 줄임말)가 되지 않도록 이 저서가 출간될 수 있도록 함께 노력한 포항시장애인종합복지관 사례관리팀의 엄혜련 과장님 그리고 제자 김혜수, 김소희 사회복지사님에게 감사드린다. 또한 교재 집필을 담당해 주신 김성준, 김정기, 성준엽 사회복지사님과 원고 교정에 열과 성을 다해주신 김옥주 박사님에게도 감사드린다. 저의 느림으로 인해 교재가 빨리 출간되지 못해 우리 집필진들이 대구가톨릭사회복지법인 인사발령으로 여러 지역으로 자리를 옮겼지만, 우리의 첫 마음을 담아 저서를 출간하고자 하며, 개정판을 출간할 때는 다시 만날 수 있을 것이라는 바람을 가져본다.

아울러 흔쾌히 출판해 주신 공동체 사장님과 저를 20년간 독려해 오늘의 결실을 맺게 해준 김원희 상무님에게 두 손 모아 감사드리며, 우리의 저서가 예쁘게 세상에 선보이게 편집과 기획을 담당해 주신 공동체 편집부에도 무한한 감사를 드린다.

2023년 12월 위덕대학교 공덕관 연구실에서 새벽을 맞이하며....

대표저자 교수 장덕희

차 례

CONTENTS

차 례

PART 01

사례관리의 기초

CHAPTER 01

사례관리의 개념

이 장에서는 사례관리에 대한 개념 정의를 시대적 발달의 관점에서 살펴보고, 사례관리와 전통적 사회복지실천과의 공통점과 차이점을 검토하며, 사례관리현장의 가치와 윤리기반에 대해 학습해 보고자 한다.

1. 사례관리의 개념

사례관리는 1990년대 초반 한국에 소개된 이후 사회복지실천방법의 주류로 자리매김하게 되었다. 민간영역에서 시작된 사례관리는 최근 공공영역으로 확대되면서 빠른 성장세를 보이고 있다. 사례관리는 시대적 흐름에 따라 또는 다양한 사회복지영역에 따른 특성을 반영하여 널리 적용되면서, 개념이 변화되고 확장되었다. 실천영역별로 강조하는 요소들의 차이가 있으나, 사례관리의 특성인 공통 요인들이 존재하며 이러한 대표적 개념을 시대별, 학자별로 구분하여 살펴보면 〈표 1-1〉과 같다.

〈표 1-1〉 사례관리의 정의

학 자	정 의
목슬레이 (Moxley, 1989; 2004)	복합적인 욕구를 가진 사람들이 그 기능을 최대한 발휘하여 건강하게 지낼 수 있는 것을 목적으로 공식적 및 비공식적 지원과 활동의 네트워크 조직·조정·유지하는 것을 의도하는 사람과 또는 팀의 활동이다.
로스만 (Rothman, 1991)	장기보호가 필요한 이들에게 지속적으로 효과적인 서비스 제공을 위한 개입방법이며, 지역사회에 거주하는 장기보호를 요하는 클라이언트에 대한 개별적인 상담·치료·옹호 등 다양하고 지속적인 보호제공을 위해 지역사회기관 및 비공식적인 원조망과 연결하는 실천방법이다.

우드사이드와 맥클램 (Woodside & McClame, 2006)	복합적인 욕구를 가진 대상자들에게 다양한 서비스를 효과적으로 전달하기 위한 실천 전략이다.
미국사회복지사협회 (NASW, 2013)	다양한 서비스를 계획하고 실행하는 모니터링 과정이다. 사례관리과정은 사회복지사들이 전문가팀 활동을 통해 클라이언트에게 필요로 하는 다양한 서비스를 조정하는 활동이다.
영국사례관리자협회 (CMSUK, 2018)	개인이 건강, 사회보호, 교육과 고용의 욕구를 충족시키기 위해 요구되는 기회와 서비스들을 사정, 계획, 실행, 조정, 점검, 평가하는 협력적 과정이다. 의사소통과 가용할 수 있는 자원들을 사용하여 비용 효과적인 성과의 질을 증진하는 것이다.
한국사례관리학회 (2016)	복합적이고 다양한 욕구가 있는 클라이언트와 그 가족의 사회적 기능 회복을 돕는 통합적 실천방법이다. 이를 위해 운영체계를 확립하고 클라이언트와 함께 강점 관점의 체계적인 사정을 해야 하며, 클라이언트의 내적 자원 및 지역사회 자원을 개발하고 활용하여 삶의 질 향상을 위해 노력해야 한다.
미국사례관리협회 CMSA(2021/ cmsa.org)	환자의 안전, 케어의 질과, 비용 효과적인 결과를 촉진하기 위한 커뮤니케이션과 가용 자원을 통해 개인과 가족의 포괄적인 건강 요구를 충족시키기 위한 기회 제공 및 서비스에 대한 사정, 계획, 촉진, 사례 조정, 옹호의 협력과정이다. 사례관리의 목적은 개인의 사회적 기능향상과 개인의 삶의 질을 극대화하는 것이다. 사례관리는 옹호, 커뮤니케이션, 교육, 사회적 자원 확인과 서비스 촉진을 통해 클라이언트의 복지와 자율성을 달성하는 방법이다.
사회보장급여의 이용 제공 및 수급권자 발굴에 관한 법률(2021)	시군구는 지원대상자의 사회보장수준을 통합하기 위하여 지원대상자의 다양하고 복합적인 특성에 따른 상담과 지도, 사회보장에 대한 욕구조사, 서비스 제공계획 수립을 실시하고, 그 계획에 따라 지원대상자에게 보건·복지·고용·교육 등에 대한 사회보장급여 및 민간 법인단체시설 등이 제공하는 서비스를 종합적으로 연계 제공하는 통합사례관리를 실시할 수 있다.

〈표 1-1〉에서 보는 바와 같이 여러 학자들의 사례관리 정의를 살펴보면 몇 가지 공통적인 요소가 있다.

첫째는 대상자이다. 사례관리 대상자는 복합적이고 다양한 만성적 욕구를 지닌 클라이언트로 장기보호가 필요한 대상이다. 장애인, 노인, 빈곤아동, 물질남용 등 만성적인 위기상황에 처한 개인과 그 가족들이 주요 대상이다. 이러한 복합적 욕구를 가진 클라이언트에 대한 지속적인 책임과 비용 효과성을 강조하는 활동이 사례관리이다.

둘째, 개별 맞춤형 서비스를 강조한다. 사례관리는 클라이언트의 욕구에 초점을 두어 클라이언트에게 꼭 필요하며, 원하는 것이고, 해결 가능한 것으로 구성한다. 따라서 기관의 서비스에 끼워 맞추기보다는 그들의 욕구에 서비스를 융통성 있게 배정하는 것에 강조점을 두는 활동이다. 특히 최근 사례관리에서는 문제를 가진 개인이 아니라 개인이 가진 문제에 중점을 두고 클라이언트를 소비자, 고객으로 보는 관점이 대두되고 있다(Holosko, 2018 : 15).

셋째, 자원연계와 통합적 접근이다. 사례관리는 서비스 전달체계에서 탈시설화의 영향으로 발생한 서비스의 단편성, 분산성, 불연속성, 비접근성, 중복의 문제를 해결하기 위한 것이다. 이에 사례관리는 대상자에 대한 직접적, 간접적 서비스에 이르기까지 다양한 개입의 통합적 접근을 강조한다. 사례관리는 상담, 치료, 교육, 정보제공 등의 직접적 서비스 제공뿐 아니라 자원활용, 각종 자원의 동원과 원조 관계망의 효율적 연계와 조정에 관심을 두는 간접 서비스도 중요하다.

넷째, 연속적인 기능들을 시간 순서적으로 수행하는 문제해결의 과정을 강조한다. 사례관리에서 클라이언트의 욕구는 사정, 계획, 촉진, 사례 조정, 옹호의 협력 과정을 통해 클라이언트의 역량강화로 궁극적으로는 사회적 기능 증진을 돕는다. 특히 클라이언트의 적극적 참여를 함께하는 과정으로 역량강화에 초점을 둔 강점 기반 사정을 강조한다.

다섯째, 운영체계가 필요하다. 사례관리실천은 기본적으로 팀접근으로 운영조직과 사례회의, 슈퍼비전 체계 등의 운영체계의 구조성이 강조된다. 사례관리자는 사례관리팀의 구성원으로 일정 이상 자격을 갖춘 사회복지사가 담당하나 미국이나 영국에 비해 사례관리자나 슈퍼바이저의 자격조건이 엄격하지는 않다.

여섯째, 사례관리의 목적은 궁극적으로 인간의 사회적 기능향상을 통한 삶의 질을 증진하는 데 있다. 사례관리자는 클라이언트의 사회적 기능 회복과 욕구충족을 지원하여 그들의 지역사회 생활적응력 향상과 사회적 기능 증진을 통한 삶의 질을 향상하는 것이다.

이상의 공통적 요인을 중심으로 사례관리의 대표적인 학자들 정의를 통합하여 사례관리를 정리하면 다음과 같다.

사례관리는 복합적이고 만성적인 문제를 가진 개인이나 가족들의 욕구에 초점을 둔 운영체계를 기반으로 개별화된 서비스 계획을 일련의 과정을 통해 사회적 기능 향상과 삶의 질 증진을 위한 클라이언트의 역량강화를 목적으로 한 통합적 사회복지실천방법이다.

2. 사례관리의 목적과 기능

사례관리의 궁극적 목적은 클라이언트의 복합적인 욕구를 충족시킴으로써 사회적 기능 회복, 삶에 필요한 생활기술력 증진, 잠재역량 개발을 통한 클라이언트의 삶의 질을 향상하는 것이다. 사례관리의 목적을 살펴보면 크게 클라이언트 관점에서는 사례관리를 통하여 클라이언트에 도움이 되는 측면을 강조한다면, 사례관리자의 관점에서는 클라이언트의 삶의 질 향상을 위한 수단이나 과정을 반영하여 목표에 보다 부합하는 내용인 효과성과 한정된 자원으로 많은 효율성을 중시하는 성과관리와 관련되어 있다. 즉, 궁극적 목적달성을 위한 수단적 목적으로 서비스의 연속성을 보장하며, 접근성 확보를 위하여 장애물을 제거하고, 서비스가 클라이언트의 욕구에 부합하는 방식으로 전달되도록 하여 보다 나은 서비스가 제공되도록 하는 것이다. 이러한 2가지 목적이 사례관리자로 하여금 임상가와 행정가로 다중적인 역할 수행에 대한 부담을 주기도 하며, 전문성을 갖추기 위한 사례관리교육의 필요성을 인식하게 한다.

1) 클라이언트의 역량강화

사례관리의 일차적인 목적은 클라이언트의 역량강화이다. 즉, 클라이언트가 사례관리자의 도움 없이도 자원들과의 연결을 유지하며 살아갈 수 있는 힘을 가지게 하는 것이다. 이러한 관점에서 사회복지현장에서의 사례관리는 클라이언트의 강점기반으로 사정하고 개입해 궁극적으로 클라이언트의 역량을 강화할 수 있도록 돕는 것이 효과적이다.

2) 보호의 연속성

사례관리의 대상은 쉽게 해결될 수 없는 만성적이고 복합적인 욕구를 지니고 있다. 따라서 사례관리 대상자에 대한 종단적이고 횡단적 차원의 보호 연속성이 필요하다. 예를 들어, 만성질환을 가진 고령 독거노인의 경우는 현 시점에서 외로움, 소외감, 건강문제, 생활고 등의 다양한 욕구를 동시에 가지고 있어 현재 상황을 중심으로 한 횡단적 관점에서의 보호와, 시간의 경과에 따른 문제의 심각성에 대한 변화와 대처가 지속적으로 필요한 종단적 차원에서의 보호가 동시에 필요하다.

그러나 최근에는 사례관리에서도 과제중심모델과 같이 단기 달성이 가능한 구체적인 목표에 대한 개입을 중시하는 접근으로 변화가 나타나고 있다. 사례관리는 대상자 선정 시 단기과업을 가진 대상이 클라이언트로 선정되지 않기 때문에 오랜 시간 동안 사례관리에 참여해야 하는 클라이언트에게 동기를 강화하는 차원에서 욕구중심으로 단기간 해결할 수 있는 과제중심모델 접근과 같이 구체적 목표개입이 클라이언트의 사회적 기능 회복에 효과적이다. 또한 사례관리 서비스 대상의 장기성에 따른 비용 효율성 면에서도 단기중심 개입이 효과적이라고 볼 수도 있으나 사례관리의 특성상 연속적 보호를 위해 일반적 사회복지실천대상보다는 개입기간이 상대적으로 길 수밖에 없다.

3) 서비스의 통합성

사례관리 서비스는 대상자의 욕구충족과 문제해결을 위해 지역사회 자원과 서비스를 통합적으로 확보하는 것이 필요하다. 서비스 통합은 서비스의 파편화와 중복을 감소시키고 제공된 서비스들의 상호작용을 촉진하는 동시에 제한된 자원으로 목적을 달성해야 하는 효율성도 중시한다. 따라서 사례관리과정에 대한 조정과 지속적인 점검이 강조되며 이를 통해 서비스의 중복과 새로운 욕구의 발생에 따른 서비스의 누락을 막는다. 여기에서 사례관리의 이중적 특성을 발견할 수 있는데 대상자의 관점에서는 '보호의 질 향상'이 중요하다면 제공자의 관점에서는 '보호를 위한 비용 통제'를 강조한다는 것이다. 사례관리는 이 둘 사이의 균형을 유지해야 한다.

4) 서비스의 접근성

지방화로 인해 지방정부마다 재원의 불균등으로 사회복지기관의 배치가 균등하지는 못하다. 또한 도시, 농촌 간의 사회복지 자원의 불균등도 심각하다. 이 외에도 자원을 활용하고자 해도 클라이언트는 자신이 이용할 수 있는 자원에 대한 정보가 부족하거나 이용 가능한 자원이 있어도 다양한 장애물로 인해 서비스 접근이 제한된 경우가 있다. 이에 찾아가는 서비스, 정보제공과 의뢰, 자원개발과 연계, 자원활용, 역량강화 등과 같은 적극적인 방법을 통해 자원과 서비스에 대한 클라이언트의 접근성을 강화한다.

5) 사회적 책임성

사례관리는 제공되는 서비스의 책임성을 중시한다. 사례관리는 서비스 효과성 달성을 위한 운영체계를 중시하고, 운영체계는 내외부로 구분하여 내부의 사례관리팀과 외부의 통합사례관리협의기구를 둔다. 사례관리의 주요 결정은 사례관리자가 혼자 하는 것이 아니라 사례관리팀에서 결정하며 외부전문가와 슈퍼바이저를 포함한 통합사례회의 개최를 통해 체계 간의 역할분담, 사례에 대한 슈퍼비전, 서비스 종결 등을 결정한다. 또한 서비스의 제공 및 조정의 책임은 사례관리자 혹은 사례관리기관에 두어 사례관리 서비스 체계의 책임성을 향상한다.

6) 성과와 평가의 중요성

사례관리에 대한 책무성과 함께 성과와 효율성을 확인하기 위한 평가활동이 강조된다. 평가는 과정평가와 성과평가로 구분된다. 성과평가에서는 클라이언트의 만족도, 목표달성 정도, 욕구수준의 변화와 개입영역의 변화 등이 필수적이고, 사례관리자와 지역자원에 대한 성과를 평가하는 것도 중요하다. 과정평가에서는 실천과정에 대한 평가, 자원과 서비스에 대한 평가, 운영체계와 실천 환경에 대한 평가 등이 이루어져야 한다.

3. 사례관리의 특징

사례관리의 특성을 이해하기에 앞서 사회복지서비스와의 차이를 비교 설명함으로써 사례관리를 보다 쉽게 이해할 수 있을 것이다. 이를 위해 사례관리와 전통적 사회복지실천의 주요 공통점과 차이점을 살펴보고자 한다.

1) 공통점

사례관리와 전통적 사회복지실천의 공통점을 살펴보면 다음과 같다.

- 대상자와 사회복지사의 관계형성과 신뢰를 바탕으로 한다.
- 위기에 놓인 대상자들과 함께 작업하는 데 있어 상황 속의 인간이라는 관점을 적용한다.
- 복합적이고 다양한 문제와 장애를 가진 대상을 보호하는 데 있어 연속성에 목적을 가진다.
- 질병과 기능의 상실에 동반되는 정서적인 문제를 개선시키는 데 있어 임상적 개입을 시도한다.
- 서비스 전달에 있어 중개와 옹호의 기술이 사용된다.

- 표적대상인 대상자가 경제, 의료, 사회 및 개인적 보호 욕구를 포함한 지역사회 기반의 장기보호서비스를 필요로 한다.
- 최소한으로 규제된 환경에서의 서비스 제공을 원칙으로 한다.
- 대상자 본인의 기능 능력과 그의 보호수준을 결정하는 지지망의 사정이 요구된다.
- 자기결정, 인간의 가치와 존엄 및 의사결정 시 상호책임 개념 등의 가치를 확고히 한다.

2) 차이점

사례관리의 특성을 살펴보기 위해 개별사회사업, 통합방법론, 사례관리로 구분하여 정리하면 다음 〈표 1-2〉와 같다.

〈표 1-2〉 사회복지실천 모델 간의 차이

구 분	개별사회사업	통합방법론	사례관리
기반이론	정신분석, 심리사회모델	체계이론	생태체계적 관점
개입초점	개인의 인성발달과 적응능력 향상	체계분석과 체계의 변화	클라이언트와 가족의 강점과 내외적 자원을 통한 사회적 기능수준의 유지 혹은 향상
목표	개인의 문제해결	체계의 변화	클라이언트의 자기보호능력의 향상, 상호 보호능력의 향상, 전문가 능력 향상과 통합
개입단위	개인	개인과 주요체계	개인, 가족, 지역사회
개입대상	사회적응 문제를 가진 개인	개인과 관련체계	만성적, 복합적 문제를 가진 개인과 그 가족
주기능	진단과 치료	체계적 분석과 개입	임상적 기능과 행정적 기능
전문가의 주 역할	상담자, 치료자	교육자, 촉진자 등	상담가, 교육자, 조정자, 옹호자 등
과정	접수-조사-사정-치료-종결	시작-목적설정-과업-평가	접수-사정-계획-실행(조정, 점검)-종결
장소	사회복지기관	사회복지기관	공공·민간 및 사회복지기관
교육훈련 수준	학사, 석사 이상	학사, 석사 이상	학사, 석사 이상 경력 2년 이상

출처 : 권진숙(2012), p. 59.

첫째, 이론적 기반을 살펴보면, 사례관리는 생태체계적 관점을 기반한 통합적 접근방법을 강조한다. 즉, 클라이언트와 가족의 강점과 내외적 자원활용을 통한 사회적 기능수준 유지와 향상을 위한 개입을 위해 개인과 가족, 지역사회의 다중체계에 관여하며 직간접적인 실천을 수행한다. 이에 반해 개별사회사업은 개인의 인성발달과 적응능력 향상에 개입초점을 두어 정신분석과 심리사회적 이론을 활용한다. 그리고 통합방법론은 체계분석과 체계의 기능적 변화에 개입의 초점을 두고자 체계이론에 기반을 둔다. 이에 따라 개별사회사업은 개인의 문제해결에, 통합방법론은 체계의 변화에, 사례관리는 클라이언트 자기보호능력 향상과 상호 보완능력의 향상, 전문가 능력 향상과 통합에 목표를 둔다.

둘째, 개입단위와 개입대상에서도 차이가 있다. 개별사회사업은 사회적응상의 문제를 가진 개인이 주 대상이다. 통합방법론에서는 개인과 관련된 체계가 주요 대상이며 개입단위이고, 사례관리는 만성적, 복합적 문제를 가진 개인과 그 가족으로 개인, 가족, 지역사회가 개입단위와 대상이 된다.

셋째, 모델 간의 기능과 사회복지사의 역할 면에서의 차이를 살펴보면, 개별사회사업은 진단과 치료가 주기능으로 사회복지사는 상담자, 치료자 역할을 수행한다. 통합방법론에서는 체계적 분석과 개입을 위해 사회복지사는 교육자, 촉진자 등의 역할을 수행하며, 사례관리에서는 임상적 기능과 행정적 기능 수행을 위해 사회복지사는 상담자, 교육자, 조정자, 옹호자 등의 역할을 수행한다.

넷째, 사회복지실천모델의 과정은 개별사회사업은 접수, 조사, 사정, 치료, 종결의 과정으로 구성된다면, 사례관리과정은 접수, 사정, 계획수립, 실행, 종결로 시계열적 과정 진행은 유사하나, 사례관리는 욕구, 자원, 장애물 등의 사정과정이 강조되고 실행에서는 조정과 점검 기능이 강조된 반면 개별사회사업은 치료적(임상적) 개입이 강조되는 데에 차이가 있다.

다섯째, 사회복지실천 장면은 공통적으로 사회복지기관이나, 사례관리는 최근 사회복지기관뿐 아니라 공공기관인 시군구, 읍면동에서도 실시하는 데에서 차이가 있다. 또한 각 모델을 실천하는 사회복지사의 교육훈련 수준에서도 차이가 있는데, 통상적으로 사례관리는 사회복지현장 경력이 2년 이상인 학사 · 석사 이상의 사회복지사가 담당한다.

3) 사회복지 패러다임의 변화

〈표 1-3〉 사회복지실천에서의 변화

구 분	전통적 사회복지실천	사례관리
클라이언트	법률이나 규정에 의거하여 특정 기관 제공 서비스에 관련된 사람	복합적이거나 다양한 만성적 문제를 가지고 있거나 시설화에 따른 위험을 가지고 있거나 반복적으로 의뢰되는 클라이언트
표적체계	내부체계에 초점-특정 기관의 서비스 이용이 가능한 대상이 표적집단이 되며, 여러 욕구를 지원받기 위해서는 다른 기관을 찾아야 함	클라이언트의 욕구를 충족시키기 위하여 다른 기관의 분절화되고 복잡한 서비스를 조정하는 조직 간, 체계 간의 초점
자원	자원에 대한 압력 증가 우선순위 적용	자원에 대한 압력 증가 우선순위 적용
사례 수	사례 수 조정에 특별한 기준 없음 클라이언트 요구가 증가하면 서비스 시간이 증대	복잡성에 따라 사례 수 조정
서비스	한 기관이 제공하는 서비스로 제한 클라이언트는 몇 개 기관의 서비스를 협상할 필요가 있음	공공과 민간영역 공식적 서비스 가족과 지역사회의 비공식적 자원으로부터 제공되는 서비스의 조정
기간과 접촉 강도	조직의 요구와 관행에 따라 다양 : 서비스는 목적달성에 따라 다양하나 짧은 기간 선호	서비스의 계약과 표적집단에 따라 다양 : 서비스의 계약과 프로그램 목적에 부합하는 성과 달성을 강조하나 상대적으로 오랜 기간이 소요
핵심기술	개별화된 서비스 기관에 의해 제공되는 전문적 서비스	개별화된 서비스 전달, 전통적 사회복지실천에서 강조되는 스크리닝, 사정, 보호계획, 자원동원, 자원개발과 조정 및 점검이 핵심과제이며, 특히 사정과 점검이 강조됨
사례관리자의 자율성과 책임	제한된 외적 책임 사회복지사는 서비스 조정과 지출을 담당하는 슈퍼바이저의 슈퍼비전을 따름	클라이언트의 욕구충족을 위해 적절한 서비스가 결정되었는지에 대한 외적 책임과 의사결정과 보호계획에 동반자가 됨
권위와 인정	특정 기관의 후원 또는 법률적 인정	정책과 체계 간 수준에서 작동하는 특별한 프로그램 내역

출처 : Gursansky, Harvey & Kennedy(2003), pp. 46-47.

사례관리와 전통적인 접근의 차이를 요약 정리해 보면 가장 큰 차이는 대상자, 서비스 수준, 과정에서의 차이, 네트워킹에 있다.

첫째, 대상자의 차이이다. 전통적인 사회복지실천에서 대상자는 기관의 특수 목적에 맞는 표적체계에 해당하는 서비스에 관련된 사람이 대상자라고 한다면, 사례관리 대상자는 복합적이고 만성적인 문제를 가지거나 시설보호에 어려움이 있거나 반복적으로 서비스에 의뢰되는 대상자로, 사례관리 대상자 선정이 중요한데 이를 위해 사례관리는 스크리닝과 사정에서 사례관리 서비스에 적절한 표적 대상층, 위기에 처한 대상을 확인하는 데 주안점을 두고 있다. 특히 사례관리는 학대받은 아동, 심각한 정서장애를 가진 청소년, 정신질환자, 노인, 홈리스 등을 다루는 데 적합하다. 이에 따라 사례관리 대상자들은 욕구를 충족시키기 위하여 다른 기관의 분절화되고 복잡한 서비스를 조정하는 조직과 체계를 강조하여 주 사례관리기관의 연계와 조정을 통해 통합적으로 서비스를 제공받을 수 있는 반면, 전통적인 사회복지실천에서는 해당 기관의 서비스에 집중되어 기관에서 제공되지 않는 서비스를 받기 위해서는 필요한 다른 기관을 다시 찾아야 하는 특징을 가진다.

둘째, 자원의 관점에 있어서는 한정된 자원활용을 극대화하기 위해 우선순위에 따라 사회복지실천개입을 하는 공통점이 있다. 사례 수의 관리에 있어서는 전통적 사회복지실천은 특별한 기준이 없고 클라이언트의 욕구 증가에 따라 사례개입 기간이 증대된다면, 사례관리에 있어서는 사례의 복잡성 수준에 따라 개입해야 하는 사례 수가 조정된다. 이에 따라 개입기간이나 강도는 서비스의 목표달성에 따라 다양하나 일반적으로 사례관리가 전통적 사회복지실천보다 장기간이 소요된다.

셋째, 사회복지실천에서 클라이언트의 자기결정권이 강조되지만 특히 사례관리는 이용자 중심의 관점에 기반하여 클라이언트의 참여, 파트너십이 가장 강력한 개념으로 잡혀가고 있다. 클라이언트가 문제해결의 주체로서, 욕구 사정 및 서비스 선택과 이행을 하는 데 있어 보다 적극적이고 주체적으로 참여한다.

넷째, 사례관리는 클라이언트의 목적달성을 위한 일련의 과정을 거친다. 사례관리는 모든 과정이 중요하지만 특별히 잠재적 클라이언트를 찾아 발굴하는 아웃리치가 강조되는 접수에서 인테이크 방법에 차이가 있고, 전통적 사회복지실천과 달리 모니터링과 재사정, 재평가가 중요하게 고려되고 있다. 모니터링은 서비스와 비용에 대한 책무성을 증대시키며 재사정은 변화하는 욕구에 대한 지속적이고 장기적인 책임을 반영한다. 따라서 이러한 과정의 차이로 인해 사회복지사의 역할에서도 사례관리자는 점검과 평가 등의 관리(management), 즉 간접 기능이 강조된다.

다섯째, 사례관리는 다양한 수준의 전문가가 팀으로 활동하기 때문에 다양한 서비스 제공자와의 의사소통을 위해, 그리고 클라이언트에 대한 지속적 관리를 위해 기록의 중요성이 강조되고 있으며, 이는 사례관리자의 직무의 충실성을 입증하는 방법이기도 하다.

여섯째, 전통적인 사회복지실천은 주로 기관의 정책과 자원 범위 안에서 서비스를 제공하는 반면에 사례관리는 기관 차원을 넘어 지역사회 내의 서비스를 통합, 조정하는 데 핵심적인 기능을 한다는 점에서 전통적인 사회복지실천 접근과 구분된다.

4. 사례관리의 가치와 윤리

우리나라 사례관리의 가치와 윤리는 별도로 규정되어 있지 않다. 최근 한국사례관리학회에서 사례관리 표준실천지침(2016)을 제안하면서, '사례관리자는 사회복지 전문가로서의 사회복지 가치를 준수하고 사회복지사의 윤리강령을 따라야 한다'라고 권고하고 있다. 이에 반해 미국의 경우는 사회사업 사례관리자는 사례관리의 윤리적 의사결정 지침으로 미국사회복지사협회(NASW, 2013)의 윤리강령을 준수하고, 사회사업의 가치와 윤리를 증진해야 한다고 사례관리 표준지침에 규정되어 있다. 미국의 사례관리 표준원칙은 사례관리자들에게 사례관리실천의 분명한 가이드라인과 목적을 설정하고 제안하고 있다.

한편 영국은 사례관리자를 위한 윤리강령이 별도로 규정되어 있어 이 절에서는 영국의 사례관리협회(https://www.cmsuk.org/Code of Ethics and Conduct in Case

Management Practice)의 윤리강령과 미국의 사례관리 표준원칙을 소개하여 우리나라 사례관리 실천현장에 필요한 가치와 윤리의 시사점을 얻고자 한다.

1) 영국의 사례관리 실천윤리

영국의 사례관리 실천윤리는 보호의 의무, 클라이언트에 대한 최선의 이익, 진실성과 투명성, 전문 역량, 업무 윤리로 구성되어 있다.

원칙 1 : 보호의 의무(Duty of care)

클라이언트의 보호와 안전을 충분히 고려하여 실천하며, 어떠한 형태로도 클라이언트에게 해가 되는 행동은 하지 않는다.

1.1 사례관리자는 클라이언트 또는 타인에 대한 위해 위험을 조정하고 최소화하기 위해 모든 합리적인 조치를 취하도록 한다.

1.2 사례관리자는 적절한 위기사정 및 위기관리 전략을 통해 위험을 찾아내고 관리한다. 클라이언트의 보호와 안전을 충분히 고려하여 행동하며, 위해를 가하는 행동을 하지 않는다.

1.3 사례관리자는 클라이언트 또는 타인의 건강이나 안전에 불필요한 위험을 악화시키는 어떠한 행동도 하지 않는다.

1.4 사례관리자는 관련 법률 및 정책에 대한 지식을 갖추고 클라이언트와 다른 사람들을 보호한다.

원칙 2 : 클라이언트에 대한 최선의 이익(Best interest of the client)

사례관리자는 클라이언트의 투입, 의사결정 및 개입의 중심에 클라이언트의 이익에 최선을 다한다.

2.1 클라이언트의 역량이 있거나 의사결정 능력이 극대화할 될 수 있도록 사례관리자는 클라이언트의 자율성을 존중하고 촉진한다.

2.2 클라이언트가 정신능력법(Mental Capacity Act, 2005)에 따라 의사결정을 내릴 능력이 없다고 판단되는 경우, 사례관리자는 클라이언트에게 최선의 이익이

되도록 하여야 한다.

2.3 사례관리자는 클라이언트의 최선의 이익을 위해 행동하고 외부기관, 자금 또는 법적 실체의 영향력이 전문적인 의사결정에 영향을 주지 않아야 한다.

2.4 사례관리자는 필요한 정보를 관련된 당사자와 공유하기 위해 클라이언트의 동의를 얻어야 한다.

2.5 사례관리자는 클라이언트의 동의 및 정보 공유 능력을 검토하고 증진시킨다.

2.6 사례관리자는 클라이언트의 최선의 이익을 위해 적절한 모든 당사자와 관련 정보를 적시에 공유한다.

2.7 사례관리자는 클라이언트의 최선의 이익, 안녕 또는 공공보호가 비밀유지의 필요성보다 클 때만 상대방의 비밀보장의 권리를 침해할 수 있다.

2.8 클라이언트의 최선의 이익을 위해 비밀보장을 위반할 가능성이 있는 경우, 사례관리자는 명확하고 합리적인 결정을 내리기 위해 적절한 동료 자문을 구한다. 사례관리자는 의사결정 과정을 문서화하여야 한다.

원칙 3 : 진실성과 투명성(Integrity and transparency)

사례관리자는 항상 최선의 실천을 위해 진실하고 투명하게 행동해야 한다.

3.1 사례관리자는 사례관리의 전문적 평판에 누가 되지 않아야 한다.

3.2 사례관리자는 관련 주의사항 및 범죄 사실을 당사자에게 공개한다. 사례관리자는 관련 업무에 영향을 줄만 한 유예된 법적 사건도 공개해야 한다.

3.3 사례관리자는 캔더 의무(Duty of Candour)에 따라 클라이언트에게 제공되는 지원이나 입력에 문제가 있을 경우 모든 당사자에게 솔직하고 개방적인 태도를 취해야 한다. 사례관리자는 상황을 바로 잡기 위한 필요한 조치를 취해야 한다.

3.4 사례관리자는 클라이언트의 불충분하거나 부적절한 관행을 인지하게 될 경우 우려를 제기하거나 클라이언트가 문제를 제기하도록 지원한다.

3.5 사례관리자는 어떠한 종류의 차별도 묵인하거나 행하지 않는다.

3.6 사례관리자는 자신의 클라이언트, 가족 또는 자신의 삶에 관련된 다른 사람

들과의 관계를 성적, 감정적, 금전적 이익을 포함한 어떠한 목적으로도 남용하거나 악용해서는 안 된다.

3.7 사례관리자는 클라이언트의 사생활과 존엄성을 존중한다.

3.8 사례관리자는 클라이언트와 그의 가족 및 클라이언트의 삶에서 다른 사람들과 전문적인 경계를 유지하고 적절한 의사소통을 유지한다.

3.9 사례관리자는 클라이언트의 최선의 이익을 위해 추가 서비스 또는 자금 지원을 요구하는 모든 조치에 대해 진실하고 투명하게 행동한다.

원칙 4 : 전문 역량

사례관리자는 자신의 업무 범위 내에서 사례관리자 업무표준에 따라 업무를 수행할 책임을 인식하고 수용한다.

4.1 사례관리자는 자신의 능력을 정확히 표현해야 하며, 전문 역량에 있어 기술, 경험, 자격에 대해 진실해야 한다.

4.2 사례관리자는 서비스에 적합한 클라이언트를 선정하기 위한 기준을 갖추어야 한다.

4.3 사례관리자는 클라이언트의 요구가 업무 범위나 업무 능력을 벗어난다고 판단한 경우, 이를 공개적으로 알리고 의뢰를 포함한 적절한 조치를 취한다. 사례관리자는 클라이언트에게 서비스 제공의 안정성이 확보되지 않으면 전문적인 서비스를 제공하지 않는다.

4.4 사례관리자는 업무를 안전하게 수행할 수 있는 적절한 기술, 경험 및 지식을 보유하고 있다고 확신하는 다른 전문가에게만 업무를 위임할 수 있다.

4.5 사례관리자는 좋은 실천을 위해 자신의 정신 및 신체적 건강을 잘 관리할 의무가 있다.

4.6 사례관리자는 자신의 업무가 손해보험에 의해 보장될 수 있도록 한다.

4.7 사례관리자는 법률적 범위 안에서 업무를 실천한다.

4.8 사례관리자는 증거에 기반한 실천을 한다.

4.9 사례관리자는 자신의 전문적인 업무영역과 관련된 법률에 대한 지식을 보유하고 유지해야 한다.

4.10 사례관리자는 정확하고 진실하며 타당하고 시의적절한 기록을 한다.

4.11 사례관리자는 사례관리자의 기록을 적절한 법적 틀과 실천 규범에 따라 클라이언트에 대한 기록을 보관한다.

4.12 사례관리자는 자신의 실천영역에 관련된 등록 및 인증을 유지관리한다.

4.13 사례관리자는 자신의 실천영역에 관련된 정기적인 슈퍼비전에 참여한다.

4.14 사례관리자는 지속적인 전문성 개발 프로그램을 통해 지식과 기술을 유지하고 실무역량을 증진한다.

원칙 5 : 업무 윤리(Business ethics)

사례관리자는 업무 윤리에 기반하여 업무의 책임을 인식하고 수용한다.

5.1 사례관리자는 개입의 비용 효과를 충분히 고려하여야 한다.

5.2 사례관리의 홍보는 공개적이고 정직하며 실천영역과 관련이 있어야 한다.

5.3 사례관리자는 서비스 계약을 성실하게 수행하여야 하고 재정에 대한 의무에 최선을 다하도록 지식을 최대한 활용한다.

5.4 사례관리자는 모든 사람이 이용할 수 있는 명확하고 투명한 고충처리 절차를 준수한다.

5.5 사례관리자는 개인적, 전문적 또는 재정적 이해 상충을 포함하여 실제 또는 잠재적인 이해 상충을 분명하게 밝힌다.

5.6 사례관리자는 지적재산권을 존중하고 사례관리실천과 관련된 자료의 무단 사용, 복사, 배포 또는 변경에 관여하지 않는다.

2) 미국사회복지협회의 사례관리 표준지침

(1) 윤리와 가치

사례관리자는 사례관리의 윤리적 의사결정 지침으로 NASW(2013) 윤리강령을 준수하고, 사회복지의 가치와 윤리를 증진해야 한다.

(2) 자격

사례관리자는 복지사업교육위원회가 공인한 학교 또는 프로그램으로부터 학사 이상의 학위를 소지한 자로서 각 주에서 인준하는 자격 요구사항을 준수해야 하며, 사례관리실천에 필요한 전문 기술과 경험을 갖고 있어야 한다.

(3) 지식

사례관리자는 서비스 이용자와 사례관리에 관한 현재의 이론, 근거기반 실천, 사회역사적 맥락, 정책, 연구와 평가방법에 대한 지식을 습득, 유지해야 하며, 사례관리실천의 질을 보장하기 위해 이러한 정보를 사용해야 한다.

(4) 문화와 언어역량

사례관리자는 NASW의 사회복지실천 문화적 역량 표준지침에 따라 문화적 및 언어적으로 적절한 서비스를 제공하고 촉진해야 한다.

(5) 사정

사례관리자는 클라이언트(필요한 경우 클라이언트 체계의 다른 구성원)가 목적, 강점과 도전을 파악할 수 있도록 서비스를 제공하고 촉진해야 한다.

(6) 서비스 계획, 실행과 조정

사례관리자는 계획, 실행, 조정을 위해 클라이언트와 협력하며 클라이언트의 강점 및 복지증진, 목적달성을 위한 개별화된 서비스를 제공해야 한다. 사례관리 서비스 계획은 의미 있는 사정에 기초하여 구체적이고 달성 가능하며, 측정 가능한 목표를 수립해야 한다.

(7) 옹호와 리더십

사례관리자는 클라이언트의 권리, 결정, 감정, 욕구를 위해 옹호해야 하며, 클라이언트가 자원, 지지, 서비스에 접근할 수 있도록 도와야 한다.

(8) 학제 간 조직 간 협력

사례관리자는 클라이언트의 목적달성 촉진과 서비스 전달 향상을 위해 조직과 동료 간의 협력을 증진시켜야 한다.

(9) 실천평가와 향상

사례관리자는 클라이언트의 복지증진을 위해 지속적이고 공식적인 실천 평가에 참여하며 서비스의 효과성과 효율성을 사정하고, 역량 보장과 실천을 향상시켜야 한다.

(10) 기록유지

사례관리자는 시의적절한 방식으로 클라이언트에 관한 모든 사례관리 활동을 기록해야 한다. 문서는 종이 또는 전자문서로 기록해야 하며, 규정, 입법, 법령, 조직 요구사항에 따라 준비, 완성, 보완, 유지 및 공개되어야 한다.

(11) 적정 업무량

사례관리자는 사례관리 서비스의 질적 수준을 제고할 수 있는 업무 범위(계획, 제공, 평가 등)와 사례 수에 대해 책임 있게 옹호해야 한다.

(12) 전문적 발달과 역량

사례관리자는 NASW의 윤리강령과 전문교육 유지를 위한 NASW 표준지침, 그리고 사회복지실천 자격요건에 따라 전문성 개발과 능력에 대한 개인적 책임을 진다.

토론하기

1. 사례관리의 개념을 지역주민이 이해할 수 있도록 설명하는 역할극을 해봅시다.
2. 사례관리와 전통적 사회복지실천의 공통점과 차이점을 설명해 봅시다.
3. 사례관리를 담당하는 사회복지사에게 필요한 윤리강령은 무엇이라고 생각합니까? 우리나라 윤리강령과 영국의 사례관리 윤리원칙을 비교한 후 집단에서 자신의 느낌을 자유롭게 나누어 봅시다.

CHAPTER 02

사례관리의 발달과정

이 장에서는 사례관리의 등장배경을 살펴보고, 국내외 사례관리의 발달과정을 학습하는 데 목적을 둔다. 사례관리의 등장이 오늘날 사회복지실천현장에서 필요한 근거를 학습하고, 사례관리가 시대별로 전개되는 과정을 미국과 영국으로 구분하여 역사적 발달과정을 살펴보며, 한국의 역사도 검증하여 국내외 사례관리 발달의 공통점과 차이점을 학습한다.

1. 사례관리의 등장배경

1) 탈시설화

사례관리 필요성의 가장 중요한 배경은 탈시설화이다. 근대사회는 노인, 장애인, 정신질환자들을 대규모 생활시설에서 수용 보호하면서, 그들의 가장 중요한 환경체계인 가족 및 지역사회와 격리시키는 결과를 초래하여 지역사회 환경과의 상호작용을 차단해, 점차 지역사회로의 복귀를 어렵게 만드는 문제를 야기하였다. 탈시설화는 1960년대 시민참여, 인권과 사회정의에 대한 활동이 촉진됨에 따라 격리시설에 수용된 사람들의 인권문제에 관심이 생기며, 대규모 격리시설이 클라이언트가 갖는 존엄성과 정체성을 파괴시킨다는 비판이 일어나면서 시작되었다.

또한 정신질환자를 위한 항정신성 의약품의 발달로 인해 장기간 입원하거나 격리되었던 정신질환자가 지역사회 내에 통합되어 살아갈 수 있다는 인식을 촉진시켰다. 그리고 정신과 병원에 입원했던 환자가 퇴원 후 입원과 퇴원을 반복해 가는 과정을 통해 시설보호보다는 지역사회보호가 환자의 궁극적인 사회재활에 효과적이라는 관점의 변화가 나타났다. 뿐만 아니라 정부차원에서도 클라이언트의 문제 특성별로 보호시설을 지역적으로 균형감 있게 설치하는 데는 비용부담의 어려움이 커졌다.

이러한 사회복지서비스의 단편성과 인권에 대한 사회적 관심도와 정부의 재정문제로 인해 클라이언트에 대한 시설보호를 지역사회보호로 전환하는 탈시설화 움직임이 가속화되었다. 이에 따라 기존 시설에서 지원했던 서비스들을 지역사회 내에서 클라이언트에 맞게 연결되고 조정될 방법이 필요하게 되었다. 즉, 지역사회에 부재하거나 분산되어 있는 서비스를 통합적으로 제공하기 위한 방법으로 사례관리의 필요성이 제기되었다.

2) 장기적이고 복합적인 욕구를 가진 클라이언트의 증가

탈시설화로 인해 지역사회로 나온 정신질환자가 적절한 서비스로 연결되지 못하는 문제가 발생되면서 결과적으로 증상이 악화되거나, 범죄와 연류되거나 부랑자가 되는 등 1가지 이상의 다른 문제가 야기되었다. 또한 빈곤, 실업 등의 경제적 문제와 인구의 고령화, 핵가족화 등의 가족구조의 변화는 돌봄 문제와 돌봄 공백을 발생하게 했고, 가족 중 여성들의 돌봄 부담을 가중시키는 요인이 되기도 했다(최영대, 2014). 빈곤과 실업 등의 경제적 문제도 결합이 되면서 문제는 더욱 가중되어, 클라이언트는 소득, 고용, 주택, 의료, 정신의료, 주거, 교육 등 다양한 영역에서 복합적인 설상가상의 어려움을 갖게 된다. 게다가 경제적으로 어려운 독거노인이나 장애인의 문제는 단시간에 회복되는 문제가 아니라 한번 사회복지 수급대상이 되면 장기간에 걸쳐 서비스가 필요하게 되는 문제로 이어진다. 이러한 문제는 어느 특정 기관에서 대응하기는 사실상 불가능하다. 다양화, 복합화, 장기화되고 있는 대상자의 문제를 충족시키고 지역사회 내에서 클라이언트들이 원활하게 생활할 수 있도록 하기 위해서는 필요한 서비스를 개발, 동원하고, 조직화하여 조정해야 하는 필요성이 제기되어 사례관리가 등장하게 되었다.

3) 복잡하고 분산된 서비스 체계

사회복지서비스는 주로 대상별, 문제별로 각기 다른 부서에서 기관의 특성에 따라 서비스가 진행되어 복합적이고 만성적인 문제를 가진 클라이언트는 특정 기관의 단편적 서비스로는 재활에 어려움이 컸다. 또한 여러 기관으로 분산된 서비스의 통합적 접근에도 어려움이 있다. 1970년대 미국에서는 사회복지서비스의 중복 문제가 지적되어 보건, 복지, 교육 분야의 서비스 조정 필요성이 강조되어 사례관리가 등장하게 되었다. 클라이언트의 지역사회 복귀를 위해서는 생활전반의 문제에 대한 개입이 필요한데, 기존의 서비스는 한정된 범위에서 제공되기 때문에 문제가 되었다. 특히 연계성 부족이 문제가 되면서 서비스의 단편화, 분절화, 서비스의 중복에 대한 점검의 필요성이 대두되었고, 이러한 복잡하고 분산된 서비스 체계를 통합하기 위한 방법으로 사례관리가 필요하게 되었다.

4) 지방분권화에 따른 지역사회의 책무성 강화

지방분권화에 따라 사회복지의 전달과 관리감독의 책임이 작은 정부를 지향하고, 중앙정부에서 지방정부로 권한을 이양하면서, 사회복지에 대한 재정 또한 축소되었다. 이에 지방정부는 한정된 자원으로 늘어나는 사회복지서비스를 효율적으로 제공해야 하는 필요성이 대두되었다. 미국은 1980년대 신자유주의가 확장되면서 시장경제의 원리를 내세워 지방정부가 직접적인 서비스를 제공하는 것보다 민간부문의 서비스 참여를 강조했다. 소비자의 선택을 강조하고 서비스 제공자 간의 경쟁을 통하여 클라이언트의 다양한 욕구를 충족하려 하였고, 다양한 서비스 제공자들 간의 경쟁 속에서 서비스 제공자들의 난립과 중복을 막고 이들을 조정하는 것이 필요했다.

동시에 국가부담의 축소는 사회복지전문직에게 클라이언트의 욕구를 충족시켜주기 위해서는 한정된 자원 안에서 클라이언트의 욕구를 충족시키기 위한 비공식적 자원인 가족, 이웃 등 지역사회 자원개발에 대한 압력을 가져오게 되었다. 이러한 정부지출의 삭감과 정부역할 축소는 기존의 보건과 복지정책의 커다란 변화를 가져오게 했는데 이것이 바로 지역사회보호이다.

5) 사회적 지지와 사회적 자원망의 중요성에 대한 인식 증가

복합적인 욕구를 가진 클라이언트의 증가에도 불구하고 정부의 복지 비용억제를 실현하는 방안으로 공식적 서비스를 비공식적 서비스로 대체하고자 하는 움직임이 나타났다. 실제로 클라이언트의 삶의 질 향상에는 가족이나 친척, 친구, 이웃들의 실질적인 심리, 정서적 지지와 다양한 일상적 지원들이 많은 도움이 되는 것으로 보고된다. 그럼에도 불구하고 1970년대까지는 공식적 서비스와 비공식적 지지를 통합하는 장치는 없었다.

사회적 지원체계나 지지망이 클라이언트의 생활에 중요한 긍정적 영향을 미치는 요인인 동시에 부정적인 결과로 초래할 수 있다. 예를 들어, 가족 안의 지지는 긍정의 요인이 되나, 폭력, 빈곤 등은 부정적 요인이 된다. 결과적으로 사회적 지원체계와 지지망이 공식적 서비스와 통합이 원활히 이루어질 수 있도록 통합 지지망을 구축할 때 클라이언트의 복합적인 문제에 대한 효과적인 자원망으로 활용 가능하다. 이에 사회적 지원체계와 지지망을 통합하고 조정 활용하는 기제로 사례관리에 대한 관심이 증가되었다.

6) 통합적 실천 운영체계 구축

1970년대 미국 사회복지실천에서는 개별사회사업의 효과성에 대한 비판이 일어나고 사회복지실천방법에 대한 통합론적 접근으로 사례관리가 새로운 방법으로 대두되었다. 사례관리는 전통적인 개별사회사업의 상담, 치료, 정보제공과 더불어 환경에 개입하는 간접적 서비스를 포괄하고 있기 때문에 환경 속의 인간을 기초로 한 미시적 실천과 거시적 실천을 망라하는 요소를 갖추고 있는 것으로 평가되었다. 이와 같이 사례관리는 사회복지실천을 하나로 묶는 통합적 실천방법으로 자리매김하게 되었다.

우리나라에서도 1990년 후반부터 민간복지영역을 중심으로 사례관리가 확대 · 발전해 오고 있으며 2009년 위기가구 사례관리시범사업을 거쳐 2012년 희망복지지원단이 정식 출범하면서 공식적으로 시군구에 통합사례관리가 수행될 수 있는 체계가 완성되었다. 이러한 공공영역에서의 사례관리 확대는 지방정부의 사회복지서비스에 대한 책임성과 정부재정의 효율적 운영에 대한 종합적인 관심이 커진 결과로 보인다(최지선 · 민태영 · 엄태영, 2015). 특히 사회보장급여의 이용 제공 및 수급권자 발굴에 관한 법률에 의거, 지방정부는 공공영역에서 보건 · 복지 · 고용 · 교육 등에 대한 사회보장급여와 민간 사회복지기관의 서비스를 종합적으로 연계 제공하는 통합사례관리를 실시하도록 의무화하고 있다.

2. 국외의 사례관리 발달과정

국외 사례관리 발달의 기원이 된 활동은 민간자선단체 중심의 구호서비스의 중복과 누락이 문제되자 이를 조직화하기 위한 자선조직협회(COS)에서 그 기원을 찾아볼 수 있다. 자선조직협회는 1869년 영국에 설립되어 우애방문원이 호별 방문을 하면서 구호를 신청한 본인과 가족은 물론 집주인, 이웃 등을 만나 구호를 요청한 가구에 대한 조사와 욕구를 파악하여 문제를 해결하기 위해 자원을 효율적으로 활용한 움직임이 사례관리의 기원이 된 활동이라고 볼 수 있다.

그리고 인보관 운동에서도 사례관리의 기원을 찾을 수 있다. 인보관은 1884년 영국의 토인비 홀(Toynbee Hall)을 시작으로 1889년 제인 애덤스(Jane Addams)에 의해 시카고에 헐하우스(Hull House)가 설치되어 지역주민들을 위한 생활여건 향상과 사회개혁을 지원하였다. 인보관 활동이 활성화되면서 지역주민에게 제공된 서비스, 사회교육, 주민집단활동 등의 효과적인 관리와 서비스 기록의 필요성이 제기되었는데, 이러한 활동들이 오늘날 사례관리 기록의 기원이 되었다. 또한 사례관리에서 중요한 활동 중의 하나인 사회복지사의 옹호활동 시작도 인보관에서 찾아볼 수 있다. 당시 인보관 종사자들은 빈곤 근로자의 근로조건 향상과 생활여건 개선을 위해 빈곤 주민들을 대신해 지방정부에 탄원서를 제출하거나 집회 등의 집단행동을 시도하였는데, 이러한 간접실천은 오늘날 사례관리 활동 개입방안의 토대가 된 움직임이라고 볼 수 있다.

무엇보다 사례관리실천의 전문직 발전에 지대한 공헌을 한 인물은 메리 리치몬드(Mary Richmond)이다. 메리 리치몬드는 『사회진단(Social diagnosis)』이라는 저서를 통해 개인의 문제는 각기 다른 성격, 가족관계, 환경 여건 등을 고려하여 진단하여야 한다고 강조하며, 개인에 중점을 둔 개별사회사업 과정을 확립하여, 문제를 가진 개인을 중재할 때는 직접실천방법으로 사례조사에 중점을 둔 진단을 강조하였다. 자료수집에서는 개인별로 다른 방식을 사용하며, 자료수집 범위에서 개인을 중점으로 두지만 그들의 가족과 환경적 여건 등을 통합한 사회조사 모형을 제시하였고, 이러한 개입에 따른 사례기록 양식을 개발하였다.

이상에서 보는 바와 같이 국외의 경우는 사례관리 발전의 기원이 된 활동의 공통적 기반이 있음을 알 수 있고, 이를 기초로 국가별 사례관리 발달의 구체적 차이를 살펴보고자 한다.

1) 미국의 사례관리 발달

미국에서 사례관리가 본격적으로 발전이 된 외부적인 요인은 제2차 세계대전과 항정신성 의약품의 개발과 1960년대에 나타난 탈시설화 운동 등이다. 특히 제2차 세계대전에 참전했던 재향군인을 위해 한곳에서 필요한 서비스를 복합적으로 제공하는 원스톱 형태의 서비스 필요성이 요구되었다. 이 밖에 1965년에 제정된 미국노인복지법은 노인의 삶의 질 향상을 위해 노인의 경제적, 주거적, 의료적, 심리적 욕구충족과 문제해결을 위해 사례관리의 필요성을 인정했다. 1974년에 발달장애인법이 제정되어 지역사회거주 장애인에 대한 사례관리자들의 서비스 통합이 우선 필요하다고 제기되었고, 1975년에 제정된 장애아동교육법은 사례관리과정에서 아동을 서비스 고객으로 명문화하여 문제의 규정, 욕구 사정, 서비스 전 과정에 클라이언트가 참여하도록 하였다.

사례관리가 법적 지위를 갖게 된 것은 1988년 가족지원법(Family Support Act)이 통과되어 미국 공공부조 프로그램인 AFDC(Aid to Families with Dependent Children) 수혜가족의 경제적 자립을 도모하기 위해 서비스 대상자는 모두 사례관리를 받도록 의무화한 데서 찾아볼 수 있다. AFDC는 1996년 개인책임 및 근로기회법(Personal Responsibility and Work Opportunity Act)으로 대체되어 근로능력이 있고 부양아동이 있는 젊은 여성들은 2년 동안 직업훈련 교육을 받으면서 구직활동 과정에 사례관리자의 서비스 조정을 받아 공공부조 수혜자에서 근로자로 자립할 수 있도록 지원하였다.

요약하면 1975년부터 1980년대 초반까지 미국의 모든 주에 사례관리에 관한 법률이 제정되기 시작하여 1980년대 사례관리의 발전이 가속화되었다. 특히 장기보호 서비스 욕구를 가진 사람들에게 서비스를 제공하는 각각의 분야에서 서비스 조정에 관한 전략으로 사례관리가 발전하게 되어, 1984년에 사례관리의 기준과 지침이 제공되었다. 1990년대에 와서는 장기보호가 필요한 복합적 욕구를 가진 클라이언트들에게 서비스에 대한 접근성과 이용 가능성을 높이고 보호의 연속성을 보장하며 비용 효과성을 증대시키고 책임성 있게 서비스를 전달하는 효과적이고 적절한 대인서비스 전달방식으로 사례관리가 널리 보급되었다. 2000년대에는 사례관리자의 역할이 자원 연결과 점검 등의 간접실천에서 직접적인 서비스 제공을 포함한 역할로 확대·발전되었다(Woodside & McClam, 2006).

2) 영국의 사례관리 발달

영국에서 사례관리는 정신보건 분야의 탈시설화와 지역사회보호의 효과적, 효율적 실천방법의 하나로 부상되면서 발전하기 시작했고, 미국과 달리 재활노력에 자극을 제공한 노동력에 대한 수요에서 기인되었다. 지역사회에 관심을 가진 시봄 보고서(Seebohm Committee Report)가 1968년에 제출되면서 단편적으로 제공되고 있는 사회서비스의 체계화 및 통합화의 필요성이 제기되었다. 그러나 정부 중심의 지역사회보호는 1970년대 경제불황으로 큰 변화를 겪었다. 경제불황으로 인해 지역사회보호의 중요성에도 불구하고 서비스 간 조정이 제대로 이루어지지 못하자 1988년 그린피스(Grinffith) 경이 지역사회보호 개혁방안을 담은 지역사회보호 행동지침을 제안하였는데 영국 사례관리의 발달은 이 보고서에서 그 기원을 찾을 수 있다. 이 보고서에서는 케어의 혼합경제를 강조하며 정부의 사회서비스부가 주도적인 역할을 수행하는 것이 아니라 서비스를 디자인하고 조직하며 서비스를 지역사회에서 구매하는 역할에 더 큰 비중을 두어야 한다고 제안했다.

그린피스 보고서에 이어 1990년대에 지역사회보호법이 제정되었다. 초기 지역사회보호정책은 대규모 시설을 지양하고 소규모 시설들을 확충하는 방향에 맞춰졌다. 이러한 소규모 시설로의 전환은 시설이 아닌 재가서비스 발달로 이어져 지역사회보호에 커다란 변화를 가져왔다. 지역사회보호는 탈시설화를 지지하는 정당, 전문가의 생각과 그린피스 보고서에 따라 노인을 시설보호에서 재가보호로 방향을 전환하며 비용을 절감하는 효과를 가져왔다. 즉, 민간부문의 보호부담을 확대하는 것으로 시장원리에 종속시키고 자본 축적의 방안으로 보호서비스를 가능하게 하였다. 지역사회보호는 노인을 보호하기 위해 시장규제가 부여되는 메커니즘으로 성립되었고, 이로 인해 자본주의 조합문화가 지역사회보호에 도입되었다.

1990년 국가 건강서비스 및 지역사회보호법에 의해 국가의 역할은 잔여적 제공자 역할로 바뀌었고, 경쟁을 가속화시키는 유럽시장의 혼합경제를 적용하였으며, 서비스 계약을 해결하고 상업적 관리접근을 공적 영역 관리에 적용하게 되었다. 지역사회보호법에 의해 사례관리자는 지역사회보호 서비스를 효과적으로 조정할 수 있는 체계를 구축하는 데 기여하고 서비스 구매자로서의 역할을 수행하면서, 예산을 직접 통제할 수 있는 권한을 갖는다. 예산을 재량껏 활용할 수 있게 된 사례관리자는 클라이언트의 욕구에 보다 잘 맞는 서비스를 통합하여 제공한다. 이러한 활동이 영국 사례관리 체계의 기초가 되었다(Payne, 2000).

이상에서 보는 바와 같이 영국의 사례관리는 경영적 가치와 사회복지 문화가 융합된 특성을 갖는다.

3. 한국의 사례관리 발달과정

우리나라 사례관리는 공공과 민간 실천현장에서 1990년대부터 관심을 가지고 발전되어 오고 있다. 1992년 사회복지관, 노인복지단체, 장애인복지관, 시도사회복지협의회에서 재가복지봉사센터를 설치하고 재가복지사업을 수행하면서 사례관리가 사회복지실천현장에 도입되었다. 그리고 1995년 정신보건법의 제정과 1997년 정신보건법 시행으로 한국정신건강사회복지학회가 정신건강사회복지사 수련과정에 사례관리를 정식 교육내용으로 포함시키기 시작했다.

사례관리가 본격적으로 사회복지실천현장에 필수로 자리 잡게 된 계기는 사회복지시설평가에 사례관리가 포함되면서부터이다. 지역사회복지관의 사례관리가 본격화된 것은 1980년대 후반 저소득층 노인 및 장애인을 대상으로 한 가정봉사원파견사업의 긍정적 결과를 바탕으로 1992년에 정부가 재가복지봉사센터를 사회복지관 부설로 설치하여 예산을 지원하면서부터이다. 지역사회복지관에서 사례관리가 평가지표로 포함된 것은 2006년 서울시 사회복지관 평가이다. 그 후 2012년 사회복지사업법의 시행규칙 개정에 따라 사례관리가 사회복지관의 3대 기능 가운데 하나로 명시되었다. 사회복지관의 기능 재편과 맞물린 평가 체계의 정교화는 그동안 활발히 진행되어 왔던 민간영역의 사례관리를 보다 더 체계화시키고 발전시키는 계기가 되었다.

종합사회복지관에 이어 2000년에는 장애인복지시설협회에서 장애인복지관 관리 운영 가이드북에 사례관리 용어를 사용하기 시작하였고 장애인자립지원법에 의해 장애인 사례관리를 국가사업으로 시행하기 시작하였다. 아동복지분야에서는 공식적으로 2003년에 아동학대예방센터의 주요 사업으로 사례관리가 포함되었으며, 2003년에 시작된 교육복지투자 우선사업, 2004년 위스타트운동본부의 위스타트 마을 만들기, 2007년 보건복지부의 드림스타트사업에서 사례관리가 확대·발전되었다.

한편 2008년 민간에 이어 공공전달체계에서 사례관리가 공식적으로 등장하기 시작해 지방자치단체 사례관리 업무매뉴얼에서 2009년 민생안전통합지원체계를 구축하고자 하였으며, 2010년도에는 사회복지통합전산망을 개통하게 되었다(류애정, 2011). 2010년 경기도의 무한돌봄센터를 통한 권역별 사례관리, 여성가족부의 각 시도 건강가정지원센터를 중심으로 사례관리가 시행되었다.

2009년 전국 10개 단체에서 시범적으로 실시하던 공공사례관리를 2010년 1월부터 전국지방자치단체로 확대하여 기초생활수급자와 차상위계층, 긴급지원가구를 대상으로 복지담당공무원을 사례관리자로 선임하게 되었다. 지방자치단체의 사례관리를 보다 효율적으로 지원하고 전문화하기 위해 2012년 전국 230개 시군구에 희망복지단이 설치되었다. 지역사회 공공 · 민간 자원에 대한 체계적인 관리 지원 체계를 토대로 시군구는 지원대상자의 사회보장수준을 통합하기 위하여 지원대상자의 다양하고 복합적인 특성에 따른 상담과 지도, 사회보장에 대한 욕구조사, 서비스 제공계획을 수립하고, 그 계획에 따라 지원대상자에게 보건 · 복지 · 고용 · 교육 등에 대한 사회보장급여 및 민간 법인단체시설 등이 제공하는 서비스를 종합적으로 연계 제공하는 통합사례관리를 실시할 수 있다고 법률로 규정되어 있다.

2017년 행정안전부에서는 찾아가는 보건 · 복지와 더불어 행정혁신, 마을공동체 역량강화 등 종합적인 시각의 읍면동 기능개선 사업을 전담 수행하는 주민자치형 공공서비스를 실시하였다. 이를 수행하기 위해 보건복지부는 2022년까지 보건복지 인력(1.5만 명)을 확충하고 모든 읍면동에 찾아가는 복지전담팀을 설치 · 완료하여 위기가구 발굴과 보건 · 복지 통합사례관리를 공고히 하였다. 뿐만 아니라 공공영역에서의 사례관리는 자살예방을 위한 자살시도자 사례관리 의료기관을 지속적으로 확충하고, 학대아동 등 보호가 필요한 아동에 대한 사례관리를 강화하고 시설보호 퇴소 청소년들의 자립역량 강화를 위해 보호종료 후 5년까지 주거 · 취업 · 건강 · 정서 등을 포괄하는 사례관리를 지속하고 있다. 또한 치매노인들 대상의 맞춤형 사례관리를 강화하고자 치매안심센터를 지역사회 치매관리 허브기관으로 개편하였다.

이상에서 보는 바와 같이 우리나라의 사례관리는 인간의 생애주기별 다양한 대상과 문제를 포괄하는 민간영역뿐 아니라 공공영역에 이르기까지 활발하게 사례관리가 발전되어 오고 있음을 알 수 있다.

토론하기

1. 사례관리의 등장배경에 대해 토론해 봅시다.

2. 미국, 영국, 한국의 사례관리 발달의 공통점과 차이점을 설명해 봅시다.

CHAPTER 03

사례관리의 이론

사례관리는 다양한 욕구와 복합적인 문제를 가지고 있는 사람을 대상으로 공식적 · 비공식적 자원을 연계하여 클라이언트의 욕구와 문제를 효과적이고 체계적으로 해결하기 위한 통합적 사회복지실천방법이다. 이에 이 장에서는 클라이언트의 복합적인 문제와 욕구의 해결을 위한 주요 이론으로 생태체계적 관점, 강점 관점, 임파워먼트 모델, 사회적 지지망 모델, 생애발달주기이론 등을 학습한다.

1. 생태체계적 관점

생태체계적 관점은 인간을 육체적, 심리적, 사회적, 경제적인 존재로 보고, 인간과 환경 사이의 공유영역에서 발생하는 상호작용과 교류를 강조하는 관점이다. 인간과 환경은 분리된 것이 아니라 서로 상호작용을 하면서 교류하기 때문에 클라이언트의 욕구 및 문제를 해결하기 위해서는 인간과 환경을 이해해야 하며, 인간과 환경의 상호작용을 살펴보는 것이 도움이 된다.

생태체계적 관점은 생태학 이론과 체계이론의 결합으로 구성된 관점으로, 인간의 행동을 포괄적으로 설명하는 특성을 가지고 있다. 사회복지실천에서 가장 중요한 이론으로 인정된다.

생태체계적 관점은 인간을 환경과 떨어진 존재가 아니라 사회적 · 물리적인 외부 환경과 상호작용을 하는 자유로운 체계로 보았다. 기존의 사회복지실천은 클라이언트의 문제에 초점을 두었다면, 생태체계적 관점에서는 개인에게서 발생하는 문제의 원인을 개인뿐만 아니라 환경에도 있는 것으로 보고 클라이언트와 주위의 다양한 관계성을 확인하고, 사회변화 등에 관심을 가지면서 다양한 접근을 할 수 있도록 하였다. 생태체계적 관점을 가지고 있는 사례관리자는 개인과 그 가족뿐만 아니라 이들을 둘러싸고 있는 지역사회까지 사정과 개입의 대상으로 삼는다.

브론펜브레너(Bronfenbrenner, 1979)는 인간과 환경과의 관계를 미시체계(microsystem), 중간체계(mesosystem), 외체계(exosystem), 거시체계(macrosystem), 시간체계(chronosystem)의 5가지로 분류하였다.

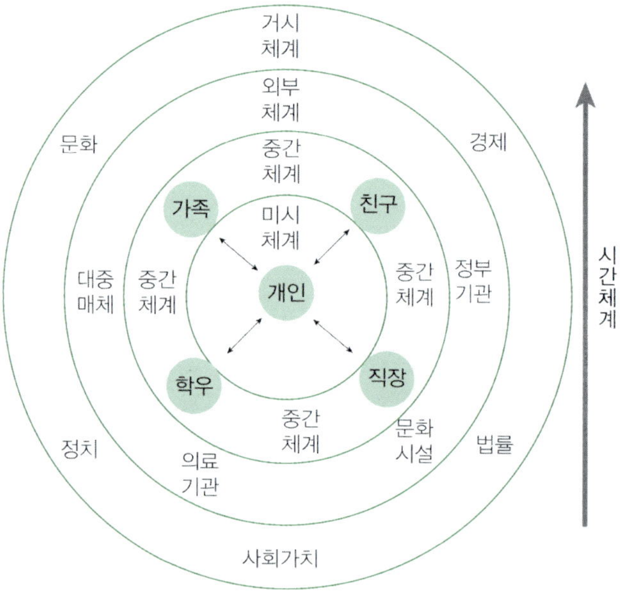

그림 3-1 브론펜브레너의 생태체계이론

첫째, 미시체계는 개인의 가장 가까운 환경으로 개인이 직접적으로 경험하는 모든 환경이다. 즉 미시체계는 놀이터와 같은 물리적 환경과 가족, 친구, 이웃 등에서 경험하는 활동, 역할, 그리고 인간관계 등의 특성을 포함한다. 예를 들어, 어머니의 양육행동에 따라 자녀의 행동이 달라질 뿐 아니라 어머니의 양육행동도 자녀의 특성에 따라 달라진다. 미시체계에서 자녀는 다양한 환경들과 직접적으로 상호작용이 이루어짐으로써 자녀의 발달에 영향을 미친다.

둘째, 중간체계는 둘 이상의 미시체계 간의 관계, 즉 환경들과의 연결을 나타낸다. 예를 들면, 부모와 교사관계, 가족관계, 친구관계 등 미시체계들 간 상호관계를 의미하며 이런 관계가 영향을 미친다.

셋째, 외체계는 중간체계가 확장된 것으로 개인이 적극적으로 참여하지 않으나 개인이 속한 환경에서 일어나는 일에 영향을 주는 환경을 의미한다. 예를 들면, 부모의 직장, 사회복지기관 등 공식적인 조직뿐 아니라 부모의 친구, 이웃 같은 비공식 조직도 포함되며 법, 미디어 등도 포함된다.

넷째, 거시체계는 가장 지속적이고 거대한 체계로 각 문화권의 사상, 태도 등 문화적 환경을 말한다. 가령, 동양문화권과 서양문화권은 사회문화적 차이로 인해 부모의 역할 및 태도가 다르며 결국 자녀의 발달에까지 영향을 미친다.

다섯째, 시간체계는 한 개인이 전 생에 걸쳐 일어나는 변화와 사회, 역사적인 환경을 의미한다. 그 예로 가족제도의 변화, 직업관의 변화를 들 수 있다. 시간체계는 인간의 발달적 변화에서 발생되는 외부 환경(입학, 결혼, 입사, 퇴사 등)의 개인의 발달과 삶(사춘기, 갱년기, 만성질병 등)에 영향을 미친다.

브론펜브레너(1979)는 생태체계적 관점이 인간과 환경과의 관계에서 응용하는 이론으로, 개인에 대한 개념과 환경에 대한 개념을 파악하여 개인-환경 간의 상호작용의 개념을 성립하였다.

생태체계적 관점은 개인의 문제뿐 아니라 가족과 지역사회의 상호작용에 대한 포괄적인 이해를 바탕으로 상호작용 영역과 접점에 주의를 기울이게 함으로써 메워야 할 간극이나 체계가 작동하는 데 보다 효율적인 아이디어를 제공한다.

생태체계적 관점의 장점은 사례관리자에게 개인의 문제를 가능한 모든 면을 살펴볼 수 있도록 하며, 사회복지의 독특한 이론과 영역들을 하나로 통합하는 데 효과적인 방법이다. 생태체계적 관점의 단점은 문제의 원인에 대하여 정확한 설명이 어렵기 때문에 실증적인 검증이 어렵고, 지나치게 추상적인 면이 있다는 것이다.

생태체계적 관점에서 개인의 성격은 개인과 환경 사이의 상호작용의 산물로 간주하기 때문에 개인을 이해하기 위해서는 환경 속에서 이해해야 한다고 강조하고 있는데, 이때 환경의 범주를 설정하는 데 생태체계적 관점이 유용하다. 개인은 환경과의 사이에서 목적지향적이고 유능함을 획득하기 위해 노력하며 이러한 과정에서 개인과 환경 사이의 상호적 과정에서의 적응적 노력을 생태체계적 관점에서는 적합성이라고 한다.

〈표 3-1〉 생태체계관점의 기본가정

- 개인의 유전적·생물학적 요인은 환경과 상호작용하는 과정에서 다양한 방식으로 표현
- 개인과 개인을 둘러싼 환경은 상호영향을 미치는 또 하나의 체계 형성
- 적합성은 적응능력을 가진 개인과 환경 사이의 원인과 결과를 통해 형성되는 상호적 과정
- 개인은 목적지향적이며 유능함을 획득하기 위해 노력함
- 개인은 개인을 둘러싼 환경과 상황 속에서 이해되어야 함
- 개인의 성격은 개인과 환경 사이에서 이루어지는 상호작용의 산물

자료 : 김성천(2012).

생태체계적 관점에 기반한 사례관리실천에서 사례관리자는 개인과 환경 간의 적합성을 강화하기 위해 클라이언트와의 파트너십을 형성하여 개인과 환경 간의 상호작용 분석을 통한 환경과의 적합성 증진을 위한 클라이언트의 역량강화에 초점을 둔다.

〈표 3-2〉 생태체계적 관점의 실천원칙

- 개인과 환경은 분리할 수 없는 존재
- 클라이언트와의 동등한 파트너십 형성
- 클라이언트에게 영향을 미치는 모든 환경 사정 → 개인과 환경의 상호작용 분석
- 개인과 환경 간의 적합성 증진을 위한 개입방법 모색
- 긍정적 지지 = 사례관리자의 원조와 조화 + 전체적인 실천의 필수적 요소
- 클라이언트와의 해결방안 모색 및 클라이언트 역량강화에 초점

출처 : 설진화(2011).

2. 강점 관점

사례관리의 최종목표가 클라이언트의 역량강화라고 볼 때 강점 관점은 가장 이상적인 이론이라고 볼 수 있다. 다시 말해 강점 관점은 모든 사람은 강점(strengths)을 가지고 있다고 생각하며, 사회복지사가 클라이언트와의 사례관리과정에서 클라이언트의 문제와 사회·환경적인 문제보다는 다양한 강점에 중점을 두고 사례관리를 하는 것이 효과적이라고 보는 관점이다.

샐리베이(Saleebey, 1996)에 의하면 모든 클라이언트는 강점을 가지고 있으므로 사회복지사는 사례관리과정에서 클라이언트의 잠재능력에 대한 깊은 이해와 존중이 우선적으로 이루어져야 한다고 하였다. 강점 관점이 사례관리과정에 적용되면 클라이언트에게 변화를 위한 동기와 잠재능력을 강화시킬 수 있다. 강점 관점을 사례관리에 적용하는 사회복지사는 클라이언트의 문제에 원인을 두기보다는 문제를 해결해 나갈 수 있는 역량에 목표를 설정하면서 지역사회 자원을 효율적으로 이용할 수 있다.

강점 관점에서는 클라이언트의 뛰어나거나 유리한 능력을 찾아야 되며 그러기 위해서는 경청과 존중을 통해 그들의 삶의 이야기를 들어주는 것이 필요하다. 또한 클라이언트는 '자신의 경험으로부터 문제를 해결할 수 있는 능력이 있으며, 다양한 생각을 가지고 있어 어떤 일이라도 잘할 수 있는 사람'으로 보고 있다.

강점 관점 실천원리에 입각한 사례관리에 이용자가 자신이 원하는 해결책을 찾을 수 있도록 돕는 데 유용한 해결중심 접근의 면접기술을 적용한 실천방법이 강점 관점 사례관리이다(김선정, 2013).

강점 관점 사례관리는 1980년대 초반 지역사회 내 거주하고 있는 정신장애인을 위해 개발되어 욕구사정, 계획, 조정, 점검, 그리고 옹호와 같은 기본적 사례관리의 기능을 강점 관점 실천원리에 따라 수행하는 실천방법을 의미한다(Rapp, 2006). 그러나 강점 관점은 이론이나 모델이 아닌 사고의 방식으로, 세계를 바라보고 이해하기 위한 관점이기 때문에 강점 관점을 실천에 적용하기 위해서는 구체적인 실천방법이 필요하다(김선정, 2013).

3. 임파워먼트 모델

역량강화, 권한부여, 세력화 등으로도 사용되는 임파워먼트는 개인, 집단, 가족, 그리고 지역사회가 내부와 외부의 자원과 도구를 발견하고 확장함으로써 자신들이 원하는 것을 획득할 수 있는 힘을 키우고 남에게 영향력을 줄 수 있는 능력을 갖추는 것을 의미한다(김혜란 외 공역, 2006). 임파워먼트 모델은 클라이언트에게 자신감, 자기가치감을 제공하고 환경에 대한 대처능력과 통제력 등을 스스로 갖출 수 있도록 인식을 심어줌으로써, 클라이언트로 하여금 자신의 삶에 대한 결정과 행동에 있어서 힘(power)을 가질 수 있도록 돕는 것을 말한다(설진화, 2009).

사례관리의 목적은 클라이언트의 가능성을 최대화하면서 욕구와 문제를 해결하고 지역사회 내에서 살아갈 수 있도록 능력을 키우기에 임파워먼트 모델은 사례관리에 적합한 이론이다.

마일리와 동료들(Miley et al., 2004)은 임파워먼트 실천의 영역을 3가지로 나누어 설명하였다.

첫째 영역은 개인 차원의 임파워먼트로 자신의 감정 통제력 등 주관적 감정에 대한 것을 말하며, 자신의 역량에 대한 자신감은 개인의 목표달성에 긍정적인 영향을 미치고 타인 및 주변 환경과의 원활한 상호작용을 가능하게 하는 역할을 한다.

둘째 영역은 대인관계 차원의 임파워먼트이다. 대인관계의 차원은 클라이언트가 다른 사람들에게 영향을 미치는 능력을 말한다. 즉, 대인관계에서 일방적으로 주고받기만 하는 것이 아니라 타인과의 관계에서 효율적인 상호작용을 하는 역할을 한다.

셋째 영역은 사회구조적 차원의 임파워먼트로 개인이 가지고 있는 자원을 향상시킴으로써 자신의 역량을 강화하고 변화를 촉진하는 것을 말한다. 즉, 구조적 변화를 통해 자원을 평등하게 재분배하고, 사회적 자원에 대한 접근을 쉽게 하며, 지역사회 변화 노력을 통해 공명정대한 사회정책을 개발하며, 새로운 기회구조를 창출하는 능력을 의미한다.

따라서 사례관리자는 구조의 변화를 통하여 클라이언트의 역량이 강화될 수 있도록 해야 한다.

〈표 3-3〉 임파워먼트 실천영역

구 분	내 용
개인차원	• 주관적 감정 • 자신의 역량에 대한 자신감 예 개인의 목표달성 타인 및 환경과의 원활한 상호작용 다양한 자원 제공
대인차원	• 클라이언트가 타인에게 영향을 미치는 능력 • 성별, 교육 수준 등 사회적 지위나 새로운 기술·지위의 습득을 통해 결정 예 타인과의 효율적인 상호작용
사회구조	• 사회구조 변화를 통한 개인의 자원동원 능력 향상 예 자신의 역량강화 및 변화 촉진 사회정책개발 새로운 기회 구조 창출

출처 : Miley et al.(2004). 재구성.

임파워먼트 모델을 이해하기 위해서는 강점 관점, 권한부여, 역량강화 등에 대한 충분한 이해가 필요하며, 이것들은 서로 단절된 것이 아니라 연속적인 과정으로 상호 밀접한 연속성을 가지고 있다.

4. 사회적 지지망 모델

사회적 지지망 모델은 사회적 관계망의 개념으로부터 발전하였는데, 사람과 사람의 연계 또는 점과 선으로 설명하는 개념에서 사회적 지지의 상호관계를 설명하는 것까지를 포함하게 되었다(채현탁, 2006).

사회적 지지망 모델은 개인의 지지 정도 및 연계망 간의 상호작용 분석을 가능하게 하며, 개인적·환경적 요인들이 어떻게 사회적 지지망에 영향을 미치는지 밝혀준다. 또한 개인이 인지하지 못한 이용 가능한 잠재적인 지지 차원을 규명하고, 개인과 지지망 구성원 간의 교류적 맥락에서의 사회적 지지에 대한 이행 등의 장점을 가진다(설진화, 2011). 사회적 지지는 가족, 친구뿐만 아니라 개인 주변의 인간관계에서 얻을 수 있는 긍정적인 자원이다.

사회적 지지망 모델을 이해하기 위해서는 사회적 지지와 네트워크에 관한 개념 이해가 이루어져야 한다.

사회적 지지는 인간관계 속에서 정서적 지지와 정보 등을 주고받는 상호작용을 통해 인간의 다양한 욕구와 스트레스를 극복하는 데 도움을 주는 것을 말한다.

〈표 3-4〉 사회적 지지의 유형 및 종류

사회적 지지의 유형	사회적 지지의 종류
• 존중, 신뢰, 관심의 표현 • 정서적 지지(경청) • 물질적 원조(돈)	• 자연적 원조체계 : 가족, 친척, 이웃 등 • 상호원조체계 : 자조모임, 지지집단 등 • 전문가 원조체계 : 사회복지사, 임상심리 전문가 등 • 기타 원조체계 : 종교인, 의사 등

네트워크(network)는 사회적 관계망, 서비스 연계망, 조직 간 협력 등으로 설명된다. 네트워크의 본질은 목적달성을 위한 공유와 연대의 협력관계를 구축하고 서로 상호보완을 통해 문제를 해결하고자 한다.

최근 네트워크가 강조되는 이유로는 클라이언트에게 서비스를 제공할 때 지역사회 내 사회복지 유관기관들과 연계를 통해 자원의 중복을 막고 더 많은 클라이언트에게 서비스를 제공할 수 있어 지역사회 자원의 활용과 효과성을 극대화할 수 있기 때문이다.

네트워크 활동을 통해 사각지역 내 클라이언트를 발굴할 수 있으며, 서비스의 단절과 프로그램의 조정으로 효율성을 증대시키고 부족한 자원을 채워 지역복지공동체를 이루어갈 수 있다.

사회복지실천에서 지역사회 자원동원과 활동은 사회복지사의 필수 과제이며, 연계망이 필요한 이유는 사회복지사의 역할 다양화, 클라이언트 체계 욕구의 다양화, 확대된 공유체계의 요구 때문이다(최옥채, 2005).

클라이언트의 욕구와 문제해결을 위해 사회적 지지를 효과적으로 이루기 위해서는 지역사회 네트워크가 활성화되어야 한다. 사회복지기관에서 이루어지는 사례관리는 지역사회를 기반으로 기획되며, 지속적이고 체계적, 구조적인 연계가 이루어지도록 해야 한다.

〈표 3-5〉 사회적 지지망 개입전략

개입전략	내 용
개인적 관계망 전략	클라이언트의 가족, 친척, 이웃 등과 맺고 있는 관계 혹은 잠재되어 있는 관계에 초점을 두고 강화하거나 소원해진 관계를 활성화시켜 새로운 관계를 수립해 나가도록 도와줄 수 있다.
자원봉사자 연계 전략	클라이언트에게 자원봉사를 연계시켜 도와줄 수 있다.
상호원조 관계망 전략	사회적 소외를 줄이고 자원을 공유할 수 있도록 조직화할 수 있다.
인근 지역 원조자 전략	비공식적 자원으로 이웃주민들의 지지와 협력을 통해 중요한 원조 역할을 하여 서비스 개선을 도모할 수 있다.
지역활성화 전략	기존의 서비스 자원을 개선시키기 위해 지역사회 내의 비공식적인 지도자들 사이의 연결을 확장시켜 나갈 수 있다.

출처 : Floland(1981).

5. 옹호모델

사회복지사는 사례관리를 통하여 다양한 차원에서 클라이언트의 권익과 이익을 위해 적극적인 옹호자로서의 역할을 수행한다. 옹호란, 사회복지사가 클라이언트를 두둔하고 편들어 지키는 것으로 클라이언트의 입장을 대변하여 문제를 해결하기 위해 돕는 역할을 말한다.

〈표 3-6〉 옹호활동 사용 상황

- 자격이 되는 클라이언트에게 서비스와 혜택의 제공을 거부할 때
- 비인간적인 서비스를 전달할 때
- 클라이언트가 인종, 종교, 신념 등의 요소로 차별받을 때
- 서비스와 혜택의 차이로 인해 곤란과 역기능이 있을 때
- 정부나 기관정책이 자원과 혜택이 필요한 사람에게 부정적인 영향을 미칠 때
- 클라이언트가 스스로를 위해서 효과적으로 행동할 수 없을 때
- 자원이 없어 많은 사람들의 공통된 욕구가 해결되지 못할 때
- 위기상황에서 클라이언트가 즉시 서비스와 혜택을 받아야 하는 특별한 욕구가 있을 때
- 클라이언트가 시민의 혹은 법적인 권리를 거부당했을 때
- 조직의 시설이나 절차가 클라이언트에게 부정적으로 영향을 미칠 때

클라이언트가 자신의 권리를 주장하기 어려운 경우, 사례관리자는 클라이언트의 권리와 이익을 위해 다양한 옹호활동을 통해 개입을 하게 된다. 옹호자로서 사례관리자는 클라이언트를 대변하는 역할을 하며, 변화를 이끌어 내는 역할을 하게 된다.

〈표 3-7〉 옹호의 종류

유 형		개 념	사회복지사의 구체적 기술
사례옹호	자기 옹호	클라이언트 개인 및 집단이 스스로 자신을 옹호하는 활동, 때로는 자조집단 및 지지집단을 구성해서 활동	• 행정적, 기술적 지원(회의실 제공, 자원봉사자 공급)/ 격려 및 정보제공
	개인 옹호	클라이언트가 스스로 자신을 옹호할 수 없을 때 사회복지사가 개인이나 가족을 대신해 옹호하는 활동	• 개인 및 가족의 욕구파악 및 사정기술 • 클라이언트가 적절한 서비스를 제공받지 못하거나 부당한 처우를 받을 때(토의, 설득, 촉구, 강제 등)
계층옹호	집단 옹호	유사한 문제를 경험하는 클라이언트들로 구성된 집단의 공동문제를 해결하기 위한 옹호	• 집단사회복지실천기술, 의사소통기술 • 클라이언트 문제와 관련하여 일반 대중 여론에 영향을 미치는 활동(강의, 연설, 자료 제공 등)
	지역사회 옹호	소외된 혹은 공동의 문제를 경험하는 지역사회 주민들을 위한 옹호활동, 지역주민들이 스스로 지역사회를 옹호하기도 하고, 지역사회를 대신하여 다른 사람이 옹호하기도 함	• 주민을 모으고 조직화하는 기술/ 일일 캠프 개최
정책옹호	정치 또는 정책적 옹호	사회정의와 복지를 증진시키기 위해서 입법 영역, 행정 영역, 사법 영역에서 다양한 형태로 전개되는 옹호활동	• 특정 법안의 통과를 제안하거나 저지하기 위한 로비 기술/ 사법 과정에서 증인으로 나서는 클라이언트를 보호하고 정보를 제공하는 기술
	체제 변환적 옹호	근본적인 제도상의 변화를 위해 구성원인 시민들과 사회체제 전체에 영향을 미치려는 옹호활동	• 캠페인 기술, 조직화 기술, 미디어 활용기술

출처 : 김범수 · 신원우(2011).

옹호서비스는 사회복지를 다른 전문직과 차별화해 주는 것으로 전통적으로 매우 높게 평가되어 온 활동이다(엄명용 외, 2011).

사례관리를 통해 클라이언트와 합의한 목표를 달성하기 위하여 개인 및 가족,

주변 사람들의 변화도 필요하지만, 개인과 가족을 뛰어넘는 지역사회의 개입이 필요할 때가 있다. 옹호는 사회복지사가 클라이언트가 원하는 권리와 이익을 확보하기 위해 클라이언트 및 그들이 속한 계층에서 입장을 대변하여 문제를 돕는 과정이며, 클라이언트의 자기결정을 존중하는 것이 가장 중요한 사항이다.

6. 생애주기이론

모든 사람은 삶의 과정마다 이루어야 하는 발달과업이 있고, 그 과정에 따른 다양한 욕구를 갖게 된다. 개인의 생애주기에 따른 발달과업을 이루기 위한 욕구는 사람이 살아가는 데 기본적으로 충족되어야 한다.

〈표 3-8〉 생애주기별 맞춤형 복지

아이들의 미래가 나라의 미래 – 국가가 책임지는 출산·양육	다시 일어서는 희망의 디딤돌이 되어 – 기초생활보장 및 자립지원
• 의료비 걱정 없이 순풍~ 고위험 임산부 지원 • 나라가 키우는 0~5세 아동 보육 • 양육부담을 덜어주는 시간제 보육제 • 만 12세 이하라면 국가예방접종 무료 • 꿈을 찾아 스타트! 드림스타트	• 원하는 행복에 꼭 맞춰 맞춤형 개별급여 • 어둠 속의 한 줄기 햇살처럼 긴급복지 확대 • 행복까지 플러스, 고용복지플러스센터 • 당당하게 일어서 희망을 찾는 자활사업 • 힘든 이웃 품어주는 복지사각지대 상시발굴체계 구축 • 희망으로 다시 서는 장애인연금
큰 병에는 나라가 효자! – 의료비 부담 완화	**노인을 위한 나라는 있다 – 활력 있고 안정된 노후 보장**
• 건강보험으로 부담을 낮춘 4대 중증질환 보장 • 선택진료, 입원비, 간병 걱정도 싹~ 3대 비급여 건강보험 적용 • 긴 병의 의료비 부담을 낮춘 본인부담상한제 적용 • 건강보험으로 튼튼하게 틀니·임플란트 시술	• 노후생활의 든든한 바탕 기초연금 • 건강할 동안은 일할 수 있도록 노인일자리 제공 • 경증치매 어르신을 따뜻이 살피는 장기요양서비스 • 인플루엔자 걱정은 뚝! 노인 무료 접종

출처 : 보건복지부(2016).

최근 생애주기별 맞춤형 복지서비스가 강조되고 있는데, 특히 장애인의 경우는 보다 더 강조되고 있다.

〈표 3-9〉 생애주기별 통합사례관리과정

과 정	영유아기	학령기	성인기	중·노년기
사례의 발견	• 발견이 쉽지 않음 • 지역기관 연계를 통한 발견이 효과적 • 발견은 이 시기의 가장 중요한 과업	• 가정, 주변 친구, 학교, 지역아동센터 등에서 주로 발견	• 직면 문제에 의한 자발적 의뢰자가 많음 • 분명한 목적을 가지고 의뢰함	• 본인 또는 이웃 등에 의한 발견과 의뢰 • 스크리닝을 통한 대상자 선정
인테이크	• 부모의 영유아에 대한 관심 정도 • 부모의 양육기술, 경제력, 가정환경 등	• 아동·청소년 부모 참여 필수 • 부모와 자녀의 애착 정도, 신뢰 정도 • 아동·청소년의 주 활동 장소 등	• 현재의 어려움 파악 • 경제적 상황, 직업의식, 직장생활, 생활의지, 사회적 관계망 정도 등 다각적인 정보 수집	• 본인, 가족의 어려움 • 가족관계 정도 • 경제수준 • 직업획득 욕구 등
사정	• 부모의 양육태도 • 영유아와의 라포 • 영양 불균형 및 성장 특징, 부모의 애착 정도 등	• 성인기 준비 및 이해 • 부정적 인식과 왜곡된 자아 • 직업관과 직업의 이해, 성인기 목표 인식 등	• 사회활동 어려움과 제약 • 생활 수준 • 주변 체계와의 관계성 • 직업생활의 장애물 등	• 현재의 문제 • 도움을 줄 수 있는 자원 • 질병, 건강상태 • 주거 환경 등
서비스 계획 수립	• 부모참여 촉진 • 양육기술 습득 • 부모의 동의 및 양육환경 조성 등	• 전문가 참여 • 주변체계를 고려한 계획 수립 등	• 정보제공을 통한 자기 결정(선택) • 기관 이용 절차와 방법 등	• 경제적 자립이 목표 • 생활안정 • 주거환경 개선 • 직업획득 및 생활안정 등
서비스 실행	• 영유아와 부모개입 동시 시행 • 정기적인 부모상담 • 전문가 개입 연계 등	• 약속사항 확인 • 종결 시까지 상담진행 • 아동과 부모의 의지 확인 • 프로그램 시행 전후 변화 정도 • 참여동기 부여 등	• 사례대상자의 실천의지 • 목표한 계획의 충족 • 실행에 영향을 미치는 요인 파악 등	• 참여 의지 독려 • 매 회기 점검 • 변화 정도 파악 등
모니터링	• 정기적인 관찰 • 회복 가능성 탐색 • 자원의 참여 정도 • 성과 확인 등	• 충족욕구와 미충족욕구 분류 • 목표달성 정도 • 변화 정도 • 아동·청소년의 참여정도	• 프로그램 참여 정도 • 대인관계 정도 • 성취 및 기술 습득 정도 등	• 변화 상황 및 성취 정도 • 가족인식 • 생활안정 • 사회활동 • 서비스 참여
평가 및 종결	• 계획달성 또는 의도한 목적달성 • 사후관리 및 지원계획 수립 • 자조적인 양육환경 조성 등	• 사후조치 계획수립 • 멘토연계 • 이용 가능 기관 및 자원 연계 • 자조적인 생활 유지를 위한 사후관리 계획 수립 등	• 목표결과 성취 정도 • 직업생활 유지 • 경제적 여건의 개선 여부 등	• 모니터링을 기초로 하여 평가 • 개인 사정(사망, 이사 등)에 의한 종결 • 자원체계 수립 • 정기적인 사후관리(가정 방문, 전화) 등

출처 : 이재용(2016).

1) 영유아기

영유아기는 부모의 양육태도와 환경에 따라 성장에 영향을 미치는 시기로 부모의 소극적인 양육태도에 따라 성장부진, 장애발생 등 문제가 유발될 수 있다. 심각한 문제는 영유아기에는 장애에 노출된 영아를 발견하기 어렵다는 데 있다. 장애에 대한 조기발견은 영유아기에 가장 중요한 사례관리자의 과업이라고 할 수 있다.

장애아동의 출생은 부모 및 다른 가족에게 심한 상실감과 슬픔을 가져온다. 대부분의 부모들은 자녀의 장애사실을 알게 되었을 때 큰 충격을 받으며, 우울, 죄책감, 분노 등의 정서적 반응을 보이게 된다. 시간이 지나면서 현실을 반영하여 자녀의 장애 특성을 이해하기 위해 노력하며, 치료하기 위해 재활시설 및 상담에 대한 욕구가 커진다.

2) 학령기

장애아동이 학교에 들어가게 되면 많은 변화를 겪게 된다. 장애아동을 돌보기 위해 많은 시간을 투자해야 되며, 이로 인해 이웃과 가깝게 지내지 못하는 경우가 많다. 또한 형제자매의 경우 장애 형제를 인식하게 되고, 같은 학교를 다닐 경우 놀림을 받을 수 있으며, 더 나아가 학교폭력 등 사회적 문제가 될 수 있다.

장애청소년들이 생리적 변화를 경험하고 이성에 대한 호기심이 발생할 경우 부모는 자녀의 성에 대한 표현방법으로 인해 심리적으로 혼란하며 성인이 되어 가는 것에 대한 걱정을 하게 된다. 또한 어릴 때부터 모든 가족이 장애 형제를 중심으로 생활하였기에 비장애 형제자매는 부모에 대한 소외감과 분노를 느끼고, 반대로 자신에 대한 과도한 기대로 스트레스를 받기도 한다.

3) 성인기

성인기 장애인들은 특수학교 졸업 후 적절한 사회적 지원체계가 마련되지 않아 집에 방치되거나 시설에서 보호받는 경우가 많다. 대부분의 부모들은 자신들이 사망 후 생활시설에 입소하여 보호받기를 원하고 있어 성인기 장애인은 사회성, 대인관계 능력들을 키워 지역사회 안에서 생활할 수 있는 준비가 필요하다.

자립생활이 가능한 장애인의 경우 취업알선 및 직업훈련 등 직업재활에 대한 욕구가 높다. 정부시책으로 장애인 고용 의무화 제도를 강화하고 장애인들이 노동을 통해 인간다운 생활을 할 수 있는 임금이 보장되어야 한다.

4) 노년기

과거에는 장애인들의 수명이 낮았으나 의료, 환경, 재활기술의 발전으로 장애인들의 수명이 증가되었다. 노년기가 되면 일반 노인과 마찬가지로 일상생활에서의 도움이 더욱 필요해진다. 미혼 장애인의 경우 그들을 돌볼 배우자나 자녀가 없기 때문에 사회적 고립의 위험이 커진다. 부모 또한 자신의 노후뿐만 아니라 장애자녀의 노후도 대처해야 하는 어려움에 직면하게 된다.

이상에서 살펴본 바와 같이 장애인의 생애주기별 욕구를 바탕으로 사례관리의 초점이 달라져야 함을 알 수 있다. 즉, 장애인 생애주기별 접근을 통해 발달과업 성취를 위한 적절한 지원이 제공된다면 자립생활 가능성을 높여 주체적인 삶의 영위가 가능하며, 가족의 부담이나 갈등을 완화시킬 수 있는 가능성이 매우 높아진다.

토론하기

1. 자신의 성장과정을 생태체계적 관점을 활용하여 생각해 봅시다.

2. 생애주기이론의 중요성과 사례관리에서 생애주기별 접근이 필요한 이유에 대해 생각해 봅시다.

CHAPTER 04

사례관리 구성 체계

이 장은 사례관리 구성 체계를 클라이언트, 사례관리자, 사회자원, 운영체계, 사례관리과정의 5가지로 구분하여 각각의 개념과 특성에 대한 이해를 돕고자 하는 데 목적을 둔다.

1. 클라이언트

사례관리의 대상이 되는 클라이언트는 다양하고 복합적인 욕구를 갖고 있고, 신체적 · 기능적 · 사회적인 문제들과 손상으로 인해 스스로 욕구를 해결하기 힘든 사람들이다.

이런 클라이언트의 일반적인 특성은 다음과 같다(류명원, 2006). 첫째, 복합적인 욕구를 충족할 수 있는 사회자원의 존재를 모르거나, 사회자원과의 연결에 어려움을 가지고 있거나, 사회자원의 이용방법을 알지 못한다. 둘째, 만성질환을 가지고 있으며 신체적 · 정신적으로 심하게 손상되어 있다. 셋째, 자신들을 보호해 줄 가족이 없거나 가족이 있어도 그들을 적절하게 보호하지 못하고 있다. 넷째, 공적 서비스와 비공식 지원체계를 필요로 한다. 다섯째, 자기보호능력이 상실되어 있으며 개별적인 옹호가 필요하다.

따라서 이들의 다양하고 복합적인 욕구를 해결하기 위해 사례관리자는 지역사회 내 다양한 공식 · 비공식 자원과 서비스를 연계하여 지역사회 내 클라이언트를 보호하는 것이 중요하다. 클라이언트의 주요 욕구영역은 소득, 주택, 취업, 신체적 · 정신적 건강, 사회적 관계, 일상생활 지원, 법률, 교육, 이동수단 등으로 범위가 포괄적이다. 이러한 특징을 지닌 클라이언트로는 일상생활 기능수준이 낮은 저소득층뿐만 아니라 노인, 장애인, 아동, 청소년, 만성질환자와 그 가족들이 해당된다.

2. 사례관리자

사례관리자는 사례관리 구성 체계 중 가장 핵심적인 요소로서, 다양한 사회자원을 활용하여 클라이언트가 욕구를 충족하고 사회적 · 경제적 · 신체적 통합을 달성할 수 있도록 클라이언트-서비스 체계를 연결하고 보호하는 것이 사례관리자의 역할이다. 이뿐만 아니라 클라이언트의 욕구에 적합한 서비스를 조정 · 촉진 · 연결시키고, 서비스의 지속적인 점검과 관리를 통해 클라이언트 자신의 능력을 향상시키는 것 또한 사례관리자의 역할이다.

사례관리는 사례관리자의 역량이 매우 중요하다. 사례관리자의 역량에 따라 클라이언트에게 제공되는 사례관리의 질이 달라질 수 있다. 클라이언트와의 관계 수립 정도, 기관 내부 및 지역사회와의 협력 정도, 지역사회 자원의 활용 정도, 클라이언트에게 제공되는 서비스의 양과 질 등의 제반 요소가 반영되기 때문이다. 결국 이러한 차이들로 인해 사례관리의 성과에 커다란 차이가 나타날 수 있으며 사례관리자의 인격적 자질과 태도, 사례관리자의 가치와 철학, 사례관리 수행을 위한 전문적인 지식과 대인관계 기술 등은 사례관리의 성과를 좌우하는 중요한 요소라고 할 수 있다.

따라서 사례관리자는 인격적인 자질과 태도를 갖추기 위해 노력해야 하며, 사회복지에 부합하는 윤리적 · 도덕적 관점과 자세가 필요하다. 또한 사례관리 수행에 필요한 전문적인 지식과 기술을 습득하고 활용하기 위해 꾸준히 역량을 강화하는 것도 필요하다. 이를 위해 사례관리자는 대학 교육 이외에도 전문적인 재교육을 지속적으로 받아야 하며, 조직적 차원에서는 사례관리자가 전문적 역량을 최대한 발휘할 수 있도록 슈퍼비전 체계를 갖추는 것이 중요하다.

그리고 사례관리자에게 있어 또 1가지 중요한 것은 소진을 예방하는 것이다. 사례관리의 특성상 성과가 잘 드러나지 않고 업무강도가 높기 때문에 업무로 인한 스트레스가 높은 편이다. 또한 클라이언트와 관계를 맺는 과정에서 발생하는 어려움이 존재하며 업무량이 계속 과중되다 보면 사례관리자의 소진이 발생할 가능성이 높다. 따라서 조직적 차원에서는 사례관리자의 전문적 역량강화와 더불어 소진 예방을 위한 다각적인 관심과 지원을 아끼지 말아야 한다.

3. 사회자원

사회자원은 인적·물적 서비스를 제공하고 지원하는 다양한 공급주체를 의미한다. 가족, 친척, 동료, 이웃, 자원봉사자 등의 비공식적인 자원과 행정가, 행정기관, 공공복지시설, 법인 등의 공식적 자원이 클라이언트의 문제를 해결하기 위해 조정되고 통합되어 필요한 서비스로 제공된다(서울시복지재단, 2010).

사례관리는 지역사회 자원관리가 매우 중요하며 클라이언트의 욕구에 따른 서비스를 효과적이고 효율적인 방법을 통해 제공하는 과정이 자원의 조직화이다. 클라이언트가 필요로 하는 자원의 존재 유무가 사례관리 서비스의 질을 결정한다. 그러므로 사례관리자는 클라이언트의 욕구와 문제에 부합하는 자원을 조직화하는 것이 중요하며, 사례관리기관은 사례관리자의 효과적인 역할 수행을 위한 서비스 체계의 안전성을 보장하는 것이 필요하다.

사례관리의 성공 여부는 적절한 자원연결과 밀접한 연관성을 지닌다. 클라이언트의 복합적이고 만성적인 욕구를 충족시키고 문제를 해결하는 것이 바로 사회자원이기 때문이다. 사회자원은 공식적인 기구나 조직을 통해 체계적인 서비스를 제공하는 공식적 자원과 자발적이고 비조직적인 측면에서 서비스를 제공하는 비공식적 자원으로 나눌 수 있다.

〈표 4-1〉 사례관리 자원

구 분	공식적 자원	비공식적 자원
특징	공식적인 기구나 조직을 통해 클라이언트에게 체계적인 서비스 제공	클라이언트에게 개별적이면서 유연성 있는 사후보조적 측면의 서비스 제공
종류	국가 및 공공기관, 지방자치단체, 공공법인(사회복지이용 및 생활시설, 노인요양시설, 장애인거주시설 등), 민간기관 및 시설(사회복지재단, 복지기업 등), 사회단체(YMCA, 여성단체 등)	가족, 친척, 친구, 이웃, 동료, 종교단체, 자조집단(Self-help groups), 자원봉사자
사례 관리자의 역할	공식 지원체계의 서비스를 목록화하여 언제든지 클라이언트와 서비스를 연결할 수 있도록 하고, 규정이나 지침의 변화를 민감하게 파악하여 최근 정보를 소유하고 있어야 함	비공식 자원을 클라이언트와 연결시키고 지속적으로 소통할 수 있도록 해야 하며 그들로 하여금 클라이언트가 필요로 하는 서비스를 제공할 수 있어야 함

이토록 실천현장에서 사회자원이 중요한 이유는 복잡하고 만성적인 클라이언트의 욕구를 지속적이고 포괄적으로 충족시키기 위해서는 다양한 사회자원을 활용하는 것이 불가피하기 때문이다. 또한 클라이언트는 자원에 대한 인식과 정보가 부족하고 이용방법을 몰라 쉽게 포기하는 경우가 많아 이들에게 필요한 다양한 사회자원을 연결할 수 있도록 해야 한다.

4. 사례관리 운영체계

사례관리의 효율적인 운영체계는 무엇보다도 중요하다. 사례관리 운영체계는 사례관리 실천과정을 뒷받침하는 지원체계이자 클라이언트에게 필요한 통합적 서비스를 제공하는 전달체계이다. 효율적인 사례관리 운영체계는 클라이언트의 발굴 및 의뢰, 서비스 연계, 서비스 제공자 간의 협력을 강화하고 지역사회 자원활용을 활성화시킨다. 따라서 효율적인 사례관리 운영체계를 위해서는 사례관리팀을 포함한 기관 내 팀 간 협업시스템을 구축하고 서비스 제공자와 지역사회 자원망을 조직화할 필요가 있다. 현장에서 필요한 사례관리 운영체계를 살펴보면 다음과 같다.

1) 사례관리자

사례관리자는 클라이언트의 문제해결 및 욕구충족을 위해 접수, 사정, 계획수립, 조정, 점검, 평가, 종결 등 사례관리 전 과정을 수행하는 전문가이다. 사례관리자는 클라이언트의 문제와 욕구 해결에 필요한 직간접적 서비스를 연결 및 조정하고, 필요한 정보를 기록 및 보고하며, 슈퍼바이저의 지도·감독을 받는다.

사례관리자의 직접적 역할은 이행자, 상담자, 정보제공자, 교육자, 조력자 등의 역할이며, 간접적 역할에는 중개자, 조정자, 연결자, 옹호자의 역할 등이 포함된다. 사례관리자는 학사학위 이상 취득한 사회복지사 1급이면서 2년 이상의 현장 경력을 갖춘 자, 준사례관리자는 전문학위 이상 취득한 사회복지사 2급 이상의 자격을 갖춘 자여야 한다.

2) 사례관리팀

사례관리팀은 기본적으로 사례관리 팀장과 2인 이상의 사례관리자로 구성되며 사례관리 팀장의 경우 현장 경력을 갖춘 사회복지사가 맡는 것이 바람직하다. 사례관리자는 팀원 이외에 필요에 따라 기관 내부의 다른 전문가가 참여할 수도 있다. 사례관리 팀장은 사례관리 매뉴얼과 지침을 구비하고, 사례관리 업무 시 다른 부서와 협력을 도모하며, 사례관리자들에게 슈퍼비전을 제공하는 등 사례관리팀을 총괄하는 역할을 수행해야 한다. 사례관리 팀장과 팀원들은 사례관리에 대한 기본교육을 이수해야 하며, 보수교육을 통해 전문성을 유지하기 위해 지속적으로 노력해야 한다.

사례관리팀은 클라이언트를 선정하고 사정하며 맞춤형 통합서비스를 설계하고 실행·점검·평가하는 사례관리 전 과정을 담당한다. 또한 사례관리팀은 내부적으로는 사례회의 운영, 자원목록표 작성 및 활용, 슈퍼비전체계 구축 등을 주도하고 외부적으로는 지역사회 자원을 조직화하고 지역 단위의 회의 개최, 사례관리실천 사례 발표 및 사례집 발간 등의 역할을 수행한다.

3) 사례회의

(1) 내부 사례회의

사례관리팀에서 개최하는 '사례회의(case conference)'는 사례관리 전 과정에 대해 협의하고 조정하는 자리이다. 초기접수부터 클라이언트 선정 여부, 사정에 따른 개입유형 결정 및 서비스 계획 수립, 점검 및 모니터링, 재사정, 평가 및 종결, 사후관리 등을 논의하고 결정한다. 사례관리의 주요 기능으로는 클라이언트와 그를 둘러싼 환경에 대한 자료수집, 클라이언트의 욕구와 문제 · 자원 · 강점 · 장애물에 대한 사정, 클라이언트에 대한 개입방안 논의, 서비스 계획의 수립 및 검토, 클라이언트에 대한 개입 및 변화과정 모니터링, 클라이언트에 대한 평가 및 종결 여부 등이 있다.

사례회의는 사례관리 전 과정이 원활히 이루어질 수 있도록 사례관리자의 활동을 지지하는 자리이다. 사례관리자는 사례회의에 참여함으로써 자신의 역량을 강화할 수 있으며 슈퍼비전을 통해 전문성을 강화하고 사례관리의 질적 향상을 도모할 수 있다.

사례회의는 사례관리 팀장이 주도하며, 회의는 최소 월 2회 이상 정기적으로 실시해야 한다. 회의를 효과적으로 진행하기 위해서는 회의 참석자들과 사전에 사례에 대한 정보를 공유하는 것이 좋다. 사례관리자는 사례에 대해 보고하고, 사례에 대해 함께 논의하고 점검하며 사례관리 팀장의 슈퍼비전을 받는다. 회의결과는 기록하여 보관하여야 한다.

(2) 통합사례회의

통합사례회의는 지역사회를 기반으로 조직된 통합사례관리팀에서 실시하는 사례회의를 말한다. 통합사례회의에는 수행기관의 사례관리팀, 공공 · 민간의 지역사회 서비스 제공기관, 사회복지 현장전문가, 관련분야 교수, 변호사, 의사 등의 인사로 구성된다. 통합사례회의는 주로 집중사례나 위기사례를 논의하며 현장상황을 고려하여 융통성 있게 운영된다. 통합사례회의에 참여하는 기관과 담당자들은 정기적인 사례회의에 참석하여 사례 공유, 욕구사정에 대한 자문, 서비스 계획과 자원활용, 역할분담, 주 사례기관의 조정 등에 대한 의견을 공유한다. 또한 사례에 대한 점검과 재사정, 평가 결과 공유, 종결 여부 확정 등의 기능을 수행한다.

통합사례회의는 전문 슈퍼바이저의 역할이 매우 중요하다. 사례관리를 하다 보면 클라이언트의 알코올중독, 정신질환, 폭력 문제 등 매우 심각한 상태를 마주할 수 있고, 해결의 실마리가 보이지 않는 복잡하고 다양한 상황에 직면하게 된다. 이 상황에서 사례관리자는 소진이 오거나 무력감에 빠질 수 있기 때문에 전문 슈퍼바이저의 도움을 통해 효과적인 대응이 필요하다. 따라서 전문 슈퍼바이저는 사례에 대한 실천적·행정적·임상적 자문과 자원의 활용 등에 대한 자문을 통해 효과적인 개입방안을 모색하도록 돕는다. 아울러 다양한 서비스 제공자들 간의 이견과 관점의 차이를 조정하기도 한다. 이러한 전문 슈퍼바이저는 1년 단위로 위촉하여 슈퍼비전의 지속성과 안정성을 유지해야 한다.

통합사례회의는 수행기관의 사례관리 팀장이 주관하며, 회의는 최소 월 1회 이상 정기적으로 실시해야 한다. 회의의 안정성을 위해 요일과 시간은 가능한 고정시키고, 사례와 안건은 사전에 준비하여 공유하는 것이 필요하다. 사례관리자는 사례를 보고하고, 사례에 대해 논의한 후 전문 슈퍼바이저의 슈퍼비전을 받는다. 회의 내용은 회의록에 기록하고, 수행기관에서는 일주일 이내에 통합사례회의에 참여한 구성원들에게 회의록을 보내 공유하도록 해야 한다.

4) 사례관리 슈퍼비전

사례관리실천에 있어 사례관리자의 업무상 스트레스나 소진을 예방하기 위해 슈퍼비전은 필수적이다. 또한 사례관리자의 전문성과 업무 역량강화를 위해 사례관리 슈퍼비전 체계를 구축하는 것은 꼭 필요하다. 그러기 위해서는 기관 내부에서 슈퍼비전의 필요성을 인식하고 이를 적극적으로 지원하고자 하는 협력적 분위기가 조성되어야 한다.

기관 내부에서 사례관리 슈퍼비전을 제공하는 슈퍼바이저의 자격기준은 최소 3년 이상의 현장 경력이 있는 팀장급의 사회복지사가 바람직하다. 기관에 따라 선임

이상의 슈퍼바이저에 대한 슈퍼비전 체계를 고려하는 경우, 슈퍼바이저는 이러한 최소한의 자격기준보다 좀 더 상위의 기준을 적용하되 경험과 숙련도를 동시에 고려해야 한다.

기관 외부의 전문 슈퍼바이저의 경우는 사례관리에 대한 이론은 물론 실천 영역의 전문성을 가진 자로서, 현장전문가나 대학교수 중에서 기관장이 위촉한다. 전문 슈퍼바이저는 사례에 대한 행정적·임상적 자문과 컨설팅, 사례에 대한 정보 및 자원 제공, 사례관리실천에 필요한 교육 및 훈련, 사례관리자들의 소진 예방을 위한 지원 등의 역할을 수행한다.

5. 사례관리과정

사례관리를 전개해 나가는 과정에 대해서는 학자에 따라 다양한 견해가 있지만, 내용에 있어서는 유사한 활동들을 수행함을 알 수 있다. 목슬레이(Moxley, 1989)는 사정, 서비스의 계획, 실행, 점검, 검토와 평가의 5단계로 이루어진다고 하였다. 로스만(Rothman, 1991)은 기관에의 접근, 인테이크, 사정과 목표수립, 개입 계획, 자원 확인과 목록 만들기, 클라이언트 연결, 점검과 재사정, 결과평가의 과정이 순환적으로 이루어진다고 제시하고 있다. 장인협(2001)은 인테이크, 사정, 계획수립, 실행, 점검 및 재평가, 평가 및 종결로 나누어 설명하고 있다.

사례관리과정은 일련의 개입과정으로 초기부터 종결까지 시간적 연속성을 갖고 순서대로 진행된다. 하지만 순서는 고정된 것이 아니라 탄력적이며 순환적인 과정이라고 할 수 있다. 예를 들면, 클라이언트에게 자원을 연결하여 서비스가 실행되고 있는 과정일지라도 클라이언트의 상황이 변화하거나 다른 욕구를 표현한다면 이전 단계로 돌아가 재사정을 통해 개입 계획과 목표를 수정할 수 있다는 것이다. 사례관리과정은 사례관리 체계 내에서 목적을 달성하기 위해 수행되는 과정으로서 ① 초기 단계, ② 사정 단계, ③ 계획수립 단계, ④ 실행 및 점검 단계, ⑤ 평가 및 종결 단계의 5단계로 나누어진다.

〈표 4-2〉 사례관리과정

구 분	사례관리과정	주요 내용
1	초기 단계	• 사례관리 초기접수 • 서비스 동의 및 계약
2	사정 단계	• 클라이언트 욕구 사정(욕구영역별 위기도 점검) • 자원, 강점, 장애물 사정
3	계획수립 단계	• 개별 서비스 계획 수립 • 사례관리 서비스 계획표 작성
4	실행 및 점검 단계	• 서비스 및 자원연계 • 점검(모니터링) 및 조정 • 사례관리과정 기록지·점검표 작성
5	평가 및 종결 단계	• 사례관리 서비스 평가표 작성 • 사례관리 종결 및 서비스 분리 • 사후관리

사례관리과정은 초기 단계, 사정 단계, 계획수립 단계, 실행 및 점검 단계, 평가와 종결 단계로 진행되나 실행 및 점검 단계에서 새로운 욕구가 발생되면 재사정을 통해 계획을 수정하여 실행 및 점검 단계로 반복되는 것이 특징적이다.

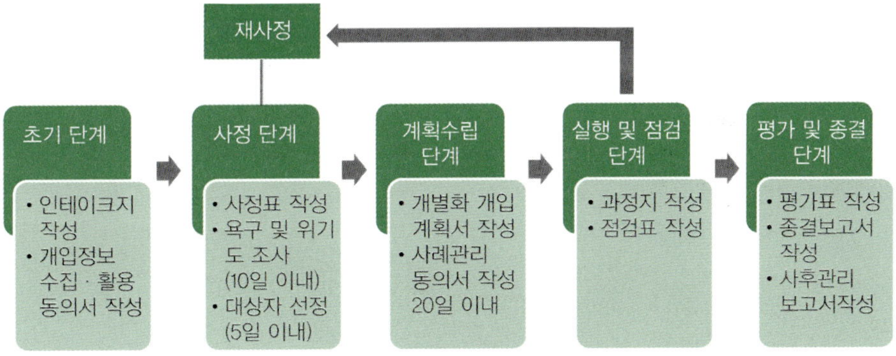

| 그림 4-1 | 사례관리의 과정

이처럼 사회복지현장에서 활용되고 있는 5단계의 사례관리과정은 클라이언트의 욕구 및 문제해결을 돕는 일정한 진행절차가 제시되어 있기 때문에 누구든 그 절차를 따라 실천하면 목표를 성취할 수 있다.

토론하기

1. 내가 가지고 있는 사회자원의 유형을 공공과 민간자원으로 구분하여 설명해 보고, 친구들의 사회자원과의 공통점과 차이점을 비교해 봅시다.

2. 사례관리 운영체계의 중요성과 운영체계 간의 구체적 역할을 토론해 봅시다.

CHAPTER 05

사례관리 모형

이 장에서는 사례관리 모형의 분류기준과 장단점을 이해함으로써 각 영역에 적합한 사례관리 모형을 탐색하고 적용하고자 한다. 이를 위해 목적에 따른 사례관리 모형의 분류를 이해하고, 사례관리 주요 모형별 특징과 적용 및 실천에 대해 알아보고자 한다.

사례관리 모형(model)은 다양한 사회복지실천현장에서 일어나는 상황들을 이해하고 적용하는 데 도움을 주는 논리적인 이론 틀이다. 사례관리 모형은 사례관리 내용과 방법을 체계화하는 데 도움이 될 수 있으며, 사례관리를 실시하는 기관의 지침이 되기도 한다.

1. 사례관리자 역할을 기준으로 한 모형

얼리와 포트너(Early & Poertner, 1995)의 사례관리 모형은 사례관리자의 역할에 초점을 둔 모형으로서 치료자 모형, 중개인 모형, 기관 간 팀 모형, 강점 관점 모형 등의 4가지 유형으로 구분된다.

〈표 5-1〉 사례관리자 역할 기준의 얼리 · 포트너 모형

기능	치료자 모형	중개인 모형	기관 간 팀 모형	강점 관점 모형
특징	기존 치료에 사례관리를 추가	서비스 체계가 잘 조정되어 있지 않기 때문에 클라이언트가 서비스를 잘 받도록 중개	클라이언트가 다양한 서비스 체계와 관련되어 있는 경우 다양한 분야의 전문가팀이 조정하는 기능 수행	클라이언트와 그 체계가 가지는 강점에 초점
사정	DSM-V[1)]에 의거	기능적 사정에 의한 서비스 욕구 결정	각 분야의 전문가에 의한 사정 후, 팀이 만나 함께 종합적이고 임상적인 사정 진행	클라이언트와 가족의 능력과 자원, 즉 강점 사정
계획	사회복지기관에서의 치료 계획	사례관리자가 클라이언트 욕구에 부합하는 서비스를 찾아 주선	서비스에 대한 팀 계획 주선	클라이언트와 가족이 필요한 기술과 자원을 스스로 습득하도록 계획
옹호	클라이언트와 가족에게 필요한 다른 서비스를 얻을 수 있도록 옹호	서비스 자격 조건의 유동성을 얻기 위해 다른 서비스 제공자에게 조정	서비스 제공자 모두가 서비스 제공에 동의를 하고 있으므로 옹호 노력이 필요 없음	클라이언트와 가족이 자원을 획득하는 방법을 배울 수 있도록 지원
모니터링	클라이언트의 피드백을 통해 진행과정 모니터링	위기상황이 다가오면 계획은 수정됨	정기적으로 팀 모니터링 진행	클라이언트와 가족의 지속적 모니터링
연계	부가적인 서비스를 위해 지역사회 내 타 기관에 수동적으로 연계	특정 서비스에 대한 가족의 인지로부터 재정적 보증 등을 포함한 능동적 의뢰	사례관리팀의 리더가 연계책임을 지기도 하고 팀원이 서비스와 연계 수행, 가족이 초기 사례관리자 역할 수행	클라이언트와 가족이 자원의 효과적인 소비자가 되도록 하며, 연계책임은 사례관리자, 클라이언트, 가족이 짐

출처 : 강흥구(2016), p. 152 재구성.

1) 치료자 모형

치료자 모형은 기존의 사회복지 치료모델에 자원연결 기능을 추가한 모델이다. 사정은 DSM-V에 근거하여 이루어지며 계획은 직접적인 치료가 우선된다. 다른 기

1) 정신질환 진단 및 통계 편람(DSM : Diagnostic and Statistical Manual of Mental Disorders)은 미국정신의학협회가 출판하는 서적으로 정신질환 진단에 있어 가장 널리 사용되고 있다. DSM-V은 2013년 5월에 배포된 다섯 번째 개정판이다.

관과의 연계는 수동적이며, 모니터링은 클라이언트와의 피드백을 통해 이루어진다. 치료가 우선이며 부가적인 서비스를 위해 지역사회 내 타 기관과 수동적으로 연계하여 개입이 이루어진다.

2) 중개인 모형

중개인 모형은 치료자 모형에서 발전한 것으로 지역사회 내 타 기관들과의 협력 체계가 원활히 구성되어 있지 않은 상태에서, 높은 수준의 서비스를 제공하기 위해 서비스에 대한 중개를 적극적으로 진행하는 모형이다. 프로그램 자격요건으로 DSM-V가 사용되며, 주기적인 모니터링이 이루어진다. 사례관리자가 적극적으로 클라이언트 욕구에 부합하는 서비스를 찾아 중개한다.

3) 기관 간 팀 모형

기관 간 팀 모형은 서비스 조정에 합의한 기관들이 적극적으로 협력하여 서비스를 제공하는 모형이다. 각 분야의 전문가에 의해 사정이 이루어지며, 팀 계획에 의해 서비스가 이루어진다. 사례관리팀의 리더가 연계책임을 지기도 하고, 팀원인 사례관리자가 서비스와 연계를 수행하기도 한다. 클라이언트가 다양한 서비스 체계와 연관되어 있는 경우 기관 간의 조정이 강조되는 모형이다. 각 전문가의 사정이 이루어진 후에 팀이 함께 사정을 하며, 팀에 의한 정기적인 모니터링이 이루어진다.

4) 강점 관점 모형

강점 관점 모형은 클라이언트가 가지는 강점에 초점을 두고, 사례관리자에게 의존하지 않고 스스로 자원을 찾아 연계할 수 있는 능력에 초점을 맞춘 모형이다. 강점 관점 모형에서는 사례관리자가 클라이언트의 문제에 중심을 두지 않고 클라이언트와 그를 둘러싼 체계에 주목하여 긍정적인 면에 이르도록 한다. 이를 통해 클라이언트의 자신감을 향상시키고, 스스로가 어려움을 해결하고 자원을 획득하는 방법을 배울 수 있는 힘을 갖게 한다. 이 모형에서는 사례관리과정에 클라이언트의 적극적인 참여가 강조된다. 사례관리자는 클라이언트가 강점을 활용하여 자기결정과 특정 목표를 달성할 수 있도록 클라이언트를 지원하는 역할이 중요하다.

2. 사례관리 전달기반을 기준으로 한 모형

우드사이드와 맥클램(Woodside & McClam, 2003)은 사례관리 목표, 서비스 전달체계, 기타 상황 등에 따라 사례관리자의 역할이 상반되는 모형들을 제시하였다.

1) 역할기반 사례관리 모형

역할기반 사례관리 모형은 사례관리자의 역할을 중시하는 모형으로, 사례관리자는 서비스의 제공자와 조정자로서 역할을 한다. 클라이언트의 욕구를 충족시키기 위하여 다양한 서비스를 연결, 서비스 효과성의 질을 평가하는 데 목적이 있다. 사례관리자가 다양한 역할을 하며, 클라이언트와 긴밀한 관계를 형성할 수 있다는 장점이 있으나, 사례관리자의 과중한 사례량이나 기관의 서비스 제공에 제한이 있을 경우 불충분한 서비스가 이루어진다는 단점이 있다.

2) 조직기반 사례관리 모형

조직기반 사례관리 모형은 서비스 전달을 결정하는 기관의 조직구조를 고려한 모형으로, 일정 장소에서 클라이언트의 복합적 욕구충족을 위한 서비스를 제공하는 데 목적이 있다. 주로 입원, 외래환자 또는 주거시설 중심으로 서비스가 제공되며, 총체적 방법으로 다방면의 사정이 이루어진다. 계획이 개별화되어 평가하기 쉬우며, 사례관리자들이 공통의 목적과 계획을 갖고 팀으로 기능할 수 있다는 장점이 있다. 그러나 필요로 하는 서비스가 없을 때 서비스 지원이 제한되며, 서비스 통합은 분명한 조직구조와 위계질서에 의존하여 이루어진다는 단점이 있다. 비공식적 지지체계의 접근이 가장 어려운 모형이다.

3) 책임기반 사례관리 모형

책임기반 사례관리 모형은 클라이언트 주변인이 사례관리자의 역할을 수행하는 모형이다. 클라이언트의 임파워먼트를 강조하며, 사례관리가 클라이언트 · 가족 · 이웃 · 자원봉사자 등 다양한 개인이나 집단에 의해 수행되어 서비스 접근이 어려운 클라이언트에게 용이하다는 장점이 있다. 비용 효과적인 측면이 있으며, 지역의 독립적인 참여도 가능하다. 반면 사례관리자의 클라이언트에 대한 이해, 필요한 지식과 기술이 부족할 수 있으며 비효과적인 서비스 평가가 이루어질 수도 있다.

〈표 5-2〉 서비스 전달기반에 따른 모형

구 분	역할기반 사례관리 모형	조직기반 사례관리 모형	책임기반 사례관리 모형
목적	• 클라이언트 욕구를 충족시키기 위한 다양한 서비스 연결, 서비스의 효과성 질 평가	• 일정 장소에서 복합적인 욕구충족을 위한 서비스 제공	• 서비스 조정 • 사례관리자 단 · 장기 참여 • 클라이언트의 임파워먼트 강조
책임성	• 사례관리 전 과정	• 서비스 조정 과정에서 서비스 제공을 위한 전문가팀 운영까지 책임	• 서비스 조정, 서비스 및 평가, 계획, 수행 등에 따라 다양
주요 역할	• 계획자, 중개자, 조정자, 촉진자, 협력자, 상담자, 평가자, 문제해결자 등	• 계획자, 옹호자, 중재자, 조정자, 촉진자, 협력자, 평가자, 체계수정자, 문제해결자	• 계획자, 중개자, 협력자, 조정자, 촉진자, 평가자, 문제해결자, 체계수정자, 기록보관자
개입 기간	• 단 · 장기	• 단 · 장기	• 단기 : 위기개입 • 장기 : 신체 · 정신적 질병, 장애, 노인성 질환

장점	• 서비스 제공자와 조정자로서 사례관리자의 다양한 역할 수행 • 클라이언트와 사례관리자의 강한 관계형성	• 서비스는 입원환자 또는 주거 중심으로 제공 • 총체적인 방법으로 다각도의 사정이 이루어짐 • 개별화된 계획으로 평가하기 쉬움	• 사례관리가 클라이언트 · 가족 · 이웃 · 자원봉사자 등 다양한 개인이나 집단에 의해 수행 • 서비스 접근 어려운 클라이언트에게 용이 • 효과적인 비용
단점	• 사례관리자의 과중한 사례량과 업무 • 서비스 제한에 따른 불충분한 서비스 제공	• 필요한 서비스가 없을 때 서비스 제공이 제한 • 비공식적 지지체계 접근의 어려움 • 서비스 통합은 분명한 조직구조와 위계질서에 의존	• 사례관리자의 클라이언트에 대한 이해 부족 • 요구되는 지식과 기술 부족 • 비효과적인 서비스 평가
세부 모형	• 일반적 실천가 모형 • 중재자 모형 • 일반적 치료자 모형 • 비용 절감 모형	• 종합서비스센터 모형 • 다학계간 팀 모형 • 심리사회재활센터 모형	• 가족 모형 • 자원봉사자 모형 • 지지적 보호 모형 • 사례관리자로 기능하는 클라이언트 모형

3. 아이오와 사례관리 모형 : ICM 모형

홀과 동료들(Hall et al., 2002)은 미국 국립약물남용연구소의 연구 지원을 받아 아이오아주의 농촌지역에서 물질남용과 중독의 어려움을 겪는 클라이언트를 돕기 위한 개입방법으로 강점 중심의 아이오와 사례관리 모형(ICM : Iowa Case Management model, 이하 ICM)을 개발하였다. ICM 모형은 사례관리에 있어서 모든 클라이언트에게 적합하거나 적절한 것으로 간주되는 단일모형이나 설명은 존재하지 않는다는 출발에서 연구되었다. 어떤 모형이 어떤 조건에서 가장 효과적이고 효율적인가를 연구한 결과로 사례관리 모형을 포괄하는 강점이 있다. 홀과 동료들은 기존의 사례관리 모형으로 알려진 Pole A, Pole B, PACT, 관리보호 모형들과 ICM 모형을 비교하여 설명하였다.

1) Pole A 모형

Pole A 모형은 클라이언트 중심 모형으로 사례관리자와 클라이언트의 비율이 1 : 10으로 낮은 수준이기 때문에 접촉의 강도와 빈도가 높고 빈번하게 진행된다. 서비스 진행은 팀 중심으로 운영되며, 각각의 사례관리자가 모든 클라이언트를 공유한다. 클라이언트는 24시간 서비스 이용이 가능하며 클라이언트가 실제 살고 있는 곳에서 서비스가 제공된다.

2) Pole B 모형

Pole B 모형은 전문가 주도의 사례관리 모형이며, 사례관리자와 클라이언트의 비율이 1 : 75로 다른 모형에 비해 관리해야 하는 클라이언트의 수가 많은 편이다. 서비스 진행은 개별적 사례관리로 운영되며, 서비스 이용 및 제공은 근무시간에 사례관리자가 근무하는 사무실에서만 이루어진다.

3) PACT 모형

지역사회중심모형(PACT : Program for Assertive Community Treatment)은 정신질환을 겪고 있는 클라이언트를 위한 집중사례관리 모형이다. 다양한 분야의 전문가들이 클라이언트의 치료와 욕구충족을 위해 각각의 영역에서 모든 노력을 제공한다. 사례관리자와 클라이언트의 비율이 1 : 5에서 1 : 15 정도로 낮은 수준으로 서비스의 집중적인 제공에 초점을 둔다는 측면에서 Pole A 모형과 비슷하다. 그러나 전문가 주도의 사례관리 모형으로 24시간 서비스 제공이 가능하며, 서비스 제공 장소도 클라이언트가 살고 있는 곳과 사무실 모두에서 이루어진다.

4) 관리보호 모형

관리보호 모형은 비용 절감이 강조되기 때문에 Pole B 모형과 유사한 면이 있다.

이 모형에서는 개별적 서비스가 강조되지만 재정에 관한 모든 권한이 사례관리에 집중된다는 점이 다른 모형과 차이가 있다. 사례관리자와 클라이언트의 비율은 높은 편이기 때문에 최소한의 접촉이 이루어지며, 서비스 제공은 24시간 가능하고 주로 전화를 사용한다.

5) 아이오와 사례관리 모형 : ICM

ICM 모형은 강점 관점에 기반하여 클라이언트가 주도하여 스스로 지향하는 목표를 설정, 계획, 달성하고자 한 모형이다. 사례관리자는 클라이언트를 위한 옹호자 역할을 수행하며, 사회복지 또는 타 전문직에서 석사학위를 받아 훈련받은 전문가가 수행하게 된다. 그러나 사례관리자의 권한은 없으며, 다만 클라이언트를 설득할 수 있다. ICM 모형에서 사례관리팀 구조는 개별 사례담당과 팀 슈퍼비전의 형태로 이루어진다. 서비스 기간은 대개 1년까지이며, 접촉 빈도는 월 1회에서 주 1회로 혼재되어 있다. 담당사례와 직원의 비율은 중간 정도이며, 서비스의 초점은 클라이언트 중심으로 욕구와 강점에 기반하여 포괄적으로 정의된다. 제공되는 서비스 유형은 타인에 의해 제공된 서비스의 기초적인 관리 수준이며, 사례관리 장소는 사무실부터 가정, 지역사회 등으로 다양한 장소에서 수행된다.

〈표 5-3〉 아이오와 사례관리 모형과의 비교

측 면	Pole A	Pole B	PACT	관리보호	ICM
서비스 기간	무제한	시간제한적	무제한	필요시 (최소한)	1년까지
접촉빈도	빈번함 (매일)	빈번하지 않음 (분기별 접촉)	빈번함	필요시 (최소한)	혼재 (월 1회/ 주 1회)
직원 담당 사례비율	낮음 (1 : 10)	높음 (1 : 75)	낮음 (1 : 5 ~ 1 : 15)	매우 높음	집중 서비스 (1 : 15) 최소 서비스 (1 : 30)
서비스 초점	넓음 (포괄적)	좁음 (배타적)	넓음	좁음 (단일학문)	넓음

서비스 유형	모든 서비스 제공	타인에 의해 제공되는 서비스 관리	치료팀에서 대부분의 서비스 제공	타인에 의해 제공되는 서비스의 관리와 통제	타인에 의해 제공되는 서비스의 기초적 관리
서비스 가능한 시간	24시간	근무시간	24시간	24시간	근무시간과 저녁시간
사례관리 장소	클라이언트의 실제 환경	사무실에서만	실제 환경과 사무실	전화	혼합(사무실과 지역사회)
소비자 주도성	소비자 주도	전문가 주도	전문가 주도	재정지원 주체에 따른 전문가 주도	클라이언트 주도의 목표설정, 계획, 달성
옹호 및 감시 역할	클라이언트	시스템을 위한 감시자	혼합	감시자	클라이언트를 위한 옹호자
사례관리자의 훈련	최상위의 전문학위	직업훈련	전문학위	전문학위	사회복지 또는 전문직의 석사학위
사례관리자의 권한	넓음, 행정적 통제	권한 없이 설득만 가능	PACT 팀 내에서 넓음	재정과 관련된 모든 권한	권한 없이 설득만 가능
사례관리팀 구조	팀 공유 체제 : 모든 사례 관리자가 모든 클라이언트 공유	개별 사례담당을 맡은 주 사례관리자	전체 다학문적 치료팀 체제	개별 사례담당	개별 사례담당/ 팀 슈퍼비전

출처 : 강흥구(2016), pp. 161-162 재구성.

4. 사례관리 서비스의 복합성을 기준으로 한 모형

1) 황성철의 사례관리 모형

황성철(1995)은 사례관리의 한국적 적용을 위해 사례관리의 다양한 기능과 조직구조적 차원의 변수들을 고려하여 단순형, 기본형, 종합형, 전문관리형 모형의 4가지 사례관리 실천모형을 제시하였다.

(1) 단순형 모형

단순형 모형은 지역사회 자원과 서비스를 단순 연계하는 수준의 사례관리 모형으로서 준전문가와 비전문가에 의해 실천된다. 사례관리자는 중개자의 역할을 수행하며, 사례관리 기능은 욕구파악 및 사정, 사례계획, 서비스 연계, 서비스 점검 등이다. 사례관리자의 담당사례 수는 많은 편이며 자율적인 결정권이 제한된다. 기존 조직 및 업무수행 부서에서 수행되며, 전문가에 의한 슈퍼비전이 강조된다.

(2) 기본형 모형

기본형 모형은 기초적인 상담 제공, 지역사회 자원과 서비스 연계하는 수준의 모형으로서 준전문가와 초년 사회복지사에 의해 수행된다. 기본형 모형에서 수행되는 사례관리 기능은 사례 발굴, 사정, 서비스 계획 및 개입, 상담, 서비스 연계, 서비스 점검 등이다. 사례관리자의 역할은 단순한 중개자를 넘어 상담자, 교육자, 지지자, 서비스 점검자로 역할이 확장된다. 사례관리 업무의 자율성이 어느 정도 보장되기 때문에 담당사례 수는 30사례 내외가 되며, 경험이 많은 사회복지사에게 슈퍼비전을 받아야 한다.

(3) 종합형 모형

종합형 모형은 지역사회 자원과 서비스를 연계하고 심층상담 및 치료적 기능을 전문가 수준에서 실천하는 모형으로서 경력이 풍부한 선임사회복지사급에서 수행된다. 종합형 모형에서는 클라이언트의 문제상황과 행동을 치료하는 데 강조점을 두기 때문에 사례관리자의 역할은 중개자, 상담자, 지지자, 치료자, 옹호자로 역할이 확장된다. 종합형 모형의 경우 사례관리자의 서비스 개입 시 자율적인 의사결정이 보장된다. 독립된 사례관리 부서를 공식화하여 업무를 수행하며 사례관리자는 자율적인 의사결정이 가능하다. 전문적인 서비스 제공을 위해 담당사례 수는 10~20사례로 한정된다.

〈표 5-4〉 서비스 복합성 수준에 따른 사례관리 분류

구 분	단순형	기본형	종합형	전문관리형
사례관리의 근본 목적	지역사회 자원과의 서비스 연계	지역사회 자원과 서비스 연계, 기초상담, 조언	지역사회 자원과 서비스 연계, 심층상담, 치료	직간접적 서비스 제공과 관리자로서 서비스 관리
사례관리 기능	욕구파악, 사정, 사례계획, 서비스 연계, 서비스 점검	적극적 사례발굴, 사정, 서비스 계획 및 개입, 서비스 연계, 상담, 서비스 점검	로스만의 15개 기능 수행	기본적인 사례관리 기능과 자원배분, 통솔, 의사결정 기능 포함
사례관리자 역할	자원과 서비스 중개자	중개자, 상담자, 교육자, 지지자, 서비스 점검자	중개자, 상담자, 치료자, 지지자, 옹호자	연계자, 상담자, 교육자, 치료자, 관리자
사례관리자 교육 및 전문성	준전문가, 비전문가(훈련된 자원봉사자)	준전문가, 초년 사회복지사	전문가(경력 많은 선임사회복지사)	특수 분야별 전문가
조직 내 사례관리 위치	기존의 조직과 업무 수행, 부서에서 수행	기존의 조직 내에서 수행	독립된 사례관리 부서	독립된 팀 형성
요구되는 슈퍼비전	전문가에 의한 엄격한 슈퍼비전	경험이 많은 사회복지사의 슈퍼비전	최소한의 슈퍼비전	동료 슈퍼비전
사례관리자 담당사례 수	많음	적절함 (30사례 내외)	적음 (10~20사례)	최소화 (10사례 미만)
개별/ 팀 접근	팀 접근 가능, 주로 개별적 접근	개별적 접근	개별적 접근	팀 형성에 의한 접근
사례관리자의 업무에 관한 자율성	자율적 결정권이 없음, 전문가와 협의 요망	어느 정도 자율성이 보장됨	자율적 의사결정이 보장됨	전문 분야별 자율성 보장, 그러나 공동결정 요망

출처 : 강홍구(2016), p. 156 재구성.

(4) 전문관리형 모형

전문관리형 모형은 직간접적 서비스 제공과 자원배분, 통솔, 의사결정 기능을 수행하는 모형으로서 전문가들의 팀 형성에 의해 수행된다. 전문관리형 모형에서 사례관리자는 클라이언트의 가족과 지역사회 대상의 업무뿐 아니라 상담과 치료의 종합형 업무까지 더해져 관리자로서의 과업과 책무를 수행한다. 사례관리자의 역

할은 연계자, 상담자, 교육자, 치료자, 관리자로 확장되며, 팀 접근이 강조되기 때문에 사례관리자의 전문 분야별 자율성은 보장되나 필요한 경우 공동 결정이 권장된다. 전문적이고 집중적인 사례관리를 위해 담당사례 수는 10사례 미만으로 권고하고 있다.

2) 통합사례관리

통합사례관리는 지역사회 공공 · 민간 자원에 대한 체계적인 관리 · 지원 체계를 토대로 복합적이고 다양한 욕구를 가진 대상자에게 필요한 서비스를 통합적으로 연계, 제공하고 이를 지속적으로 상담, 모니터링하는 것이다.

통합사례관리는 탈빈곤, 자활 지원 가능 가구(기초생활보장수급자 중 특히 신규수급자, 기초수급 탈락자, 차상위 빈곤가구)를 지원대상으로 하고 있다.

업무운영체계는 희망복지지원단, 읍면동 행정복지센터, 민간복지기관으로 구성되어 있으며 기관별로 업무를 분담하여 참여하고 있다. 희망복지지원단은 통합사례관리사업 총괄수행과 관리를 맡아서 하고 있고, 읍면동 행정복지센터는 해당지역의 대상자 발굴 및 초기상담, 의뢰 및 종결가구에 대한 모니터링, 일반 사례관리를 담당하고 있다. 또 민간복지기관은 통합사례관리 대상자 중 각 기관별 특성에 맞는 대상자를 발굴하고 의뢰를 하고 있으며, 전문(중점)사례관리를 담당하고 있다.

〈표 5-5〉 통합사례관리 유형

구 분	일반사례	집중사례	위기사례
사례관리의 목적	지역사회 자원과 서비스 연계, 기초상담 등이 필요한 사례	지역사회 자원과 서비스 연계, 심층상담 및 개입이 필요한 사례	위기안정화를 주요 목적으로 하며, 현재 당사자의 삶을 위협하는 요소를 제거 혹은 보호장치를 마련함으로써 위기를 안정화하는 것이 초점
수행기관	읍면동 행정복지센터	민간복지기관 등	희망복지지원단 등

출처 : 서울특별시(2017).

업무수행체계로 대상자 발굴은 읍면동 행정복지센터와 시군구 각 부서, 지역주민 및 관련 기관에서 발굴된 대상자에 대해 읍면동 행정복지센터에서 초기상담을 실시한다. 실제 사례유형별 수행기관 선정은 현장상황에 따른 탄력적 적용을 원칙으로 하며, 역할구분과 별개로 통합사례회의를 통한 내부 합의 조정을 권고한다.

희망복지지원단을 중심으로 통합사례관리가 진행되며, 읍면동 행정복지센터, 지역사회보장협의체, 지역 내 서비스 제공기관과의 연계 및 협력을 통해 대상자의 다양한 욕구를 충족시키는 찾아가는 보건 · 복지서비스를 제공한다. 또한 희망복지지원단은 지역 내 자원을 관리하며, 읍면동 행정복지센터, 지역사회보장협의체, 지역 내 관련 기관과의 연계 및 협력을 적극적으로 추진한다.

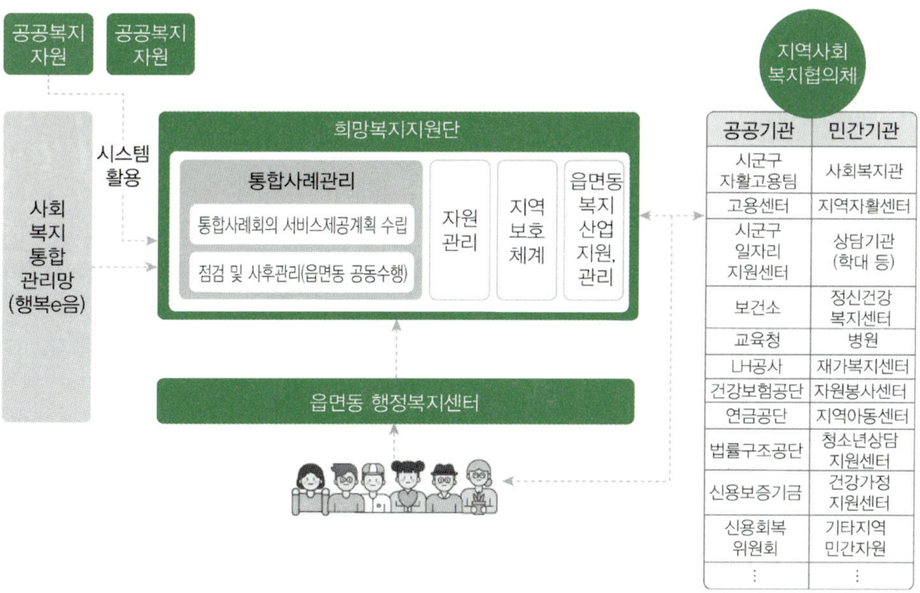

| 그림 5-1 | 민관통합사례관리 운영체계

출처 : 김천시청 홈페이지, https://www.gc.go.kr

토론하기

1. 사례관리 모형이 사회복지실천가에게 제공하는 의의에 대해 설명해 봅시다.

2. 사례관리 모형들의 장단점을 비교 · 분석해 봅시다.

3. 사례관리 주요 모형의 종류와 특징에 대해 설명해 봅시다.

4. 사회복지실천현장에서 사례관리 모형의 적용 가능성에 대해 논의해 봅시다.

CHAPTER 06

사례관리의 기능과 사례관리자의 역할

이 장에서는 사례관리의 기능을 직접적, 간접적 기능으로 분류하여 설명하고 이에 따른 사례관리자의 역할을 학습하여 직접적, 간접적 기능과 역할을 통합한 사례관리의 통합적 기능과 사례관리자의 통합적 역할을 이해하는 데 목적을 둔다.

1. 사례관리의 기능

사례관리의 기능은 2가지이다. 첫째, 직접적 서비스 기능으로, 문제와 욕구가 있는 클라이언트와 대면을 통해 문제를 해결하는 것으로 상담, 치료, 교육, 정보제공, 위기개입 등이 있다. 둘째, 간접적 서비스 기능으로, 사례관리자가 클라이언트의 문제나 욕구를 직접적으로 개입하지 않고 자원연계를 활용하여 해결하는 것이다. 사례관리의 이 2가지는 각각 분리될 수 없고 긴밀하게 연결되어 균형 있게 이루어져야 하는 통합적 기능이 매우 중요하다. 사례관리의 직접적 서비스 기능과 간접적 서비스 기능은 다음과 같다.

1) 사례관리의 직접적 서비스 기능

사례관리의 직접적 서비스 기능은 복합적이고 만성적인 욕구가 있는 클라이언트를 직접적으로 도와주는 것으로 볼 수 있으며, 심리적 지원과 클라이언트의 역량강화를 위한 활동을 포함한다.

(1) 클라이언트를 위한 심리적 지원

사례관리 대상자의 경우 욕구 좌절경험이 장기간 진행되어 온 경우가 많다. 이들은 낮은 자존감, 학습된 무기력함, 실패감 등의 부정적인 정서를 보이는 경우가 많으므로 클라이언트의 신뢰관계형성을 통한 심리적 지원의 역할은 매우 중요하다.

자발적인 신청을 통한 사례관리 이용자가 아닐 경우, 사례관리 서비스에 대해 잘 알지 못할 뿐만 아니라 여러 가지 환경이 낯설어 심리적으로 위축되거나 불안해할 수 있다. 이 경우 사례관리자는 상담기술을 활용하여 이용자와 신뢰관계형성을 해야 한다. 이용자와의 신뢰관계형성은 초기 과정만이 아니라 사례관리 전 과정에서 필요한 기술이다.

(2) 클라이언트의 역량강화

사례관리는 일정 기간 동안 사례관리자와 기관의 보호와 서비스를 통해 궁극적으로 자신이 원하는 삶을 주체적으로 살아가기 위해 역량을 강화하는 데 목적이 있다.

클라이언트가 스스로 자기를 보호하고 역량을 강화하기 위해서는 타인에 대한 의존성을 줄이고 자신의 역량을 발견하여 잘 활용할 수 있도록 도와주어야 한다.

사례관리자는 사례관리과정에 클라이언트가 적극적으로 참여할 수 있도록 권유하고, 강점 관점과 임파워먼트 관점을 활용하여 사례관리과정에 클라이언트가 적극적으로 참여할 수 있도록 권유하고 지지해야 한다.

2) 사례관리의 간접적 서비스 기능

사례관리의 간접적 서비스 기능은 자원연계와 지역사회활동을 강조하는데, 클라이언트의 욕구해결을 위하여 주변 환경체계 변화 및 관련 체계의 변화를 위해 개입하는 활동을 말한다.

(1) 중개

중개는 클라이언트 지원 계획에 따른 서비스를 지원할 기관이나 자원을 선택하기 위해 사례관리자가 관여하는 것을 의미한다. 즉, 클라이언트의 욕구에 맞는 적절한 서비스를 제공해 줄 수 있는 기관과 자원을 선택하여 연결해 주는 것을 말한다(권진숙 외, 2013). 클라이언트의 욕구에 부응하기 위하여 필요한 자원을 찾아 클라이언트가 이를 선택하도록 돕는 활동이다.

(2) 연계

사례관리자는 클라이언트에게 필요한 서비스가 무엇인지 사정하고 그에 부합하는 서비스를 연계해야 한다. 이때 사례관리자는 순조롭게 클라이언트와 서비스 연결이 진행되도록 도와야 하며, 다른 유형의 자원과 클라이언트를 연결함으로써 클라이언트의 서비스 자원계획을 적용할 수 있는 매개자의 역할을 수행한다. 사례관리자는 활용 가능한 자원목록을 갖고 있어야 하며, 지역사회의 공식·비공식 자원, 인적·물적 자원의 발견 및 활용기술을 갖고 있어야 한다. 또한 다른 기관의 직원들과 전문가망을 구축해야 하며, 클라이언트에게 자원체계에 관한 상세한 정보를 제공하고, 자원체계와의 연결 시 발생할 수 있는 장애물들을 점검하여 중개자로서 역할을 수행해야 한다(엄명용 외, 2011).

(3) 조정

사례관리자는 클라이언트에게 필요한 여러 서비스를 전달하는 복잡한 과정을 관리하는 역할을 한다. 조정의 주요 요소는 조직 간 혹은 기관 간 협력을 저해하거나 방해하는 요인을 제거하고 서로 협력을 유지하는 것이며 서비스를 제공하는 기관 및 사례관리자의 입장보다 서비스를 필요로 하는 클라이언트의 욕구가 우선적으로 강조되어야 한다.

(4) 옹호

옹호는 클라이언트가 인종, 종교, 장애, 서비스의 불충분성, 권리배제 등으로 서비스를 받기 어려울 경우, 사례관리자가 클라이언트의 입장에서 협상과 타협 등의 방법으로 필요한 욕구와 서비스를 받을 수 있도록 함께 하는 것이다.

사례관리자가 옹호전략을 활용하는 근거는 전문가 혹은 실천가로서의 합법적 권위, 관련 전문지식과 기술, 사회적 평판과 이미지, 사례관리자에 우호적인 인적 자원 등이다. 옹호의 예는 법적 강제에 호소하는 것, 외부 감독자에게 호소하는 것, 사회적 이슈를 형성하고 여론화하는 것 등 권리보호와 옹호를 위한 법적 기관이나 체계들과 연대하는 강력한 활동을 포함한다.

사례관리자는 클라이언트를 옹호하기 위해 상황에 따라 협상, 법적 호소, 언론폭로, 제도적 조직의 활용 등을 통해 도움을 줄 수 있도록 지원해야 한다.

3) 사례관리의 통합적 서비스 기능

통합적 서비스는 직접적 서비스와 간접적 서비스 기능을 통합한 것으로 볼 수 있다. 이 2가지 기능은 성격이 다르지만 현장에서는 동시에 병행하여 수행하는 경우가 많다. 예를 들어, 클라이언트를 처음 만났을 경우, 초기면접과 욕구사정을 위한 개입을 진행하며 이 과정에서 직접 정보를 제공하거나 교육, 훈련을 제공하며 변화의 동기를 부여하고 역량을 강화하기 위한 상담도 진행될 수 있다. 이러한 과정은 직접적인 서비스 기능에 속한다. 또한 사례관리자는 클라이언트의 동의를 얻어 문제·욕구해결 및 다양한 자원연계를 위한 통합사례회의 등을 통해 자원을 연계할 수 있으며, 적절한 서비스 제공 및 모니터링 등을 통한 조정의 기능도 한다.

〈표 6-1〉 로스만의 15가지 사례관리 기능

기 능	과 업	
연속적 기능	• 클라이언트의 발굴 • 사정 • 서비스 계획수립 • 공식적, 비공식적 연계	• 접수 • 목표설정 • 자원파악 및 목록 작성 • 점검, 재사정, 성과평가
간헐적 기능	• 기관 간 상호 조정 • 치료	• 상담 • 옹호

출처 : 박용순 · 송진영 · 권성애(2016), pp. 59-63.

로스만(Rothman)은 사례관리 기능을 연속적 기능과 간헐적 기능으로 구분하여 연속적 기능은 사례관리의 과정중심으로 사례 발굴, 접수, 사정, 목표설정, 계획수립, 자원파악 및 목록 작성, 자원연계, 점검 및 재사정, 평가 등의 기능으로 구분하여 제시하고 있다.

간헐적 기능은 사례관리과정에서 사례관리자가 수행하는 역할중심으로 기관 간 상호 조정, 상담, 치료, 옹호 등으로 구분된다.

〈표 6-2〉 노엘의 8가지 사례관리 기능

기 능	과 업
서비스 계획 및 자원 확인	• 서비스의 명확한 우선순위 결정 • 측정 가능한 장단기목표 수립 및 달성을 위해 수행되어야 할 구체적인 활동 제시 • 클라이언트 의뢰 기관 확인 • 활동 종료해야 할 시간계획표 수립 • 서비스 전달에 있어 잠재적인 장애물 확인
자원연결	• 클라이언트가 필요로 하는 자원연결을 위한 적극적 원조
서비스 실행 및 조정	• 서비스 계획에 따른 서비스 실행 및 감독 • 서비스 실행 시 서비스 관계망에서 나타나는 문제점 조정
점검	• 클라이언트, 서비스 제공자와 지속적인 만남 • 클라이언트가 만족한 점 외 문제점 발견
옹호	• 공정하게 서비스에 접근하기 어렵고 관련 정책 및 프로그램의 부적절성으로 고통받는 클라이언트 대상으로 실시
평가	• 클라이언트에게 제공된 서비스, 클라이언트의 발전과 문제점 평가 • 사례관리 체계의 전체적인 평가 참여

출처 : 박용순 · 송진영 · 권성애(2016), pp. 65-66.

로스만은 사례관리의 기능을 15가지로 설명하고 있는 데 반해 노엘(Noel)은 사례관리의 기능을 서비스 계획 및 자원 확인, 자원연결, 서비스 실행 및 조정, 점검, 옹호, 평가의 8가지 기능으로 설명하고 있다.

로스만과 노엘의 사례관리의 기능을 볼 때 사례관리의 과정중심으로 설명하고 있는데, 사례관리자는 사례관리과정별 적합한 상담과 치료 등의 직접적 기능과 자원연결, 조정 등의 간접적 기능을 사례관리 전 과정에서 통합적으로 수행하는 것을 알 수 있다.

2. 사례관리자의 역할

사례관리의 기능이 다양한 만큼 사례관리자의 역할 또한 다양하다. 앞서 사례관리의 기능에 대해 언급한 것처럼 사례관리의 기능은 직접적 서비스 기능과 간접적 서비스 기능으로 구분된다. 직접적 서비스 기능은 사례관리자가 클라이언트를 대상으로 직접서비스를 제공하는 전문적 실천을 말하며, 간접적 서비스 기능은 클라이언트의 욕구충족을 위해 환경체계를 변화시키는 것과 관련된 활동을 의미한다(한국사례관리학회, 2012).

〈표 6-3〉 사례관리 서비스의 기능과 사례관리자의 역할

구 분	사례관리 서비스 기능	사례관리자 주요 역할
직접서비스	상담, 치료, 교육, 정보제공, 위기개입 등	상담자, 교육자, 위기관리자, 조력자 등
간접서비스	중개, 연계, 조정, 옹호	중개자, 연계자, 조정자, 옹호자, 평가 및 점검자 등

1) 직접서비스 제공자

(1) 상담자의 역할

클라이언트에게 지지적 환경을 제공하며 문제해결과 미래에 대한 계획을 수립하도록 원조하는 것이다. 사례관리자는 클라이언트의 어려움을 적극적으로 경청하여

심리적 지지를 제공할 뿐만 아니라 위기상황에 대해 클라이언트가 인식하도록 정보를 제공해야 한다.

상담자의 역할에서 가장 중요한 것은 클라이언트 및 가족과의 신뢰관계를 형성하는 것이며, 클라이언트와 가족들이 문제와 욕구를 스스로 인식하도록 돕고, 스스로 역량을 강화할 수 있도록 조력하는 것이 필요하다.

(2) 위기관리자의 역할

위기의 심각성을 인식하고 신속한 사정과 개입을 필요로 한다. 사례관리에서 가장 우선되어야 하는 것은 위기에 대한 사정과 개입을 통해 안전을 확보하는 것이다.

(3) 조력자의 역할

조력자로서의 사례관리자는 클라이언트가 자기옹호를 할 수 있을 때 조력자로서의 역할 수행이 가능하며, 이 역할을 위해 사례관리자는 지식, 기술, 자기분석 및 인식에 대한 기술을 갖추어야 한다.

2) 간접서비스 제공자

(1) 조정자의 역할

클라이언트의 욕구를 토대로 계획을 세우고 원조자들과 효과적으로 만나도록 돕는 활동뿐만 아니라 원조자들 사이에 갈등을 줄이기 위해 의사소통을 촉진시키는 활동을 수행한다(권진숙 외, 2015).

(2) 평가 및 점검자의 역할

사례관리 전 과정을 점검하고 이러한 역할 수행을 통해 재평가 과정을 거치며 클라이언트와 수립된 계획과 목표의 변경을 수행하는 역할을 한다.

(3) 옹호자의 역할

사례관리자는 클라이언트 및 가족의 권리를 옹호하며 정책적인 변화를 모색하기 위한 역할을 수행한다. 사례관리자는 지역사회 내의 자원을 탐색하고 자원의 확보에 어려움을 겪는 사람을 위해 개입하며, 다양한 장애요인들에 대해서도 민감하게 반응하며 함께 목소리를 낼 수 있어야 한다.

〈표 6-4〉 사례관리 기능에 따른 사례관리자의 역할

사례관리의 기능	미시체계 (개인/ 가족)	중범위체계 (조직/ 공식적 집단)	거시체계 (지역사회/ 사회)
상담	조력자	촉진자	계획가
자원관리	중개자/ 옹호자	중재자	행동가
교육	교사	훈련가	아웃리치
역할내용	• 클라이언트의 문제해결능력 향상 및 서비스 및 자원 탐색을 돕는 역할 • 클라이언트 대상 직접적 서비스 제공	• 기관 및 조직 차원에서 기관 내부의 상호작용이나 기관 간의 연결망 강화 • 조직 차원의 전문성 개발을 위한 교육	• 지역사회 문제해결, 사회적 불평을 제거하기 위한 적극적 역할 • 정책 수립과 프로그램 개발, 사회변화를 위한 연대활동, 홍보, 교육, 아웃리치 활동

출처 : 박용순 · 송진영 · 권성애(2016), pp. 70-71.

토론하기

1. 사례관리 초기부터 종결까지 과정의 특성에 따라 사례관리자의 주요 역할에 대해 찾아보고 이야기 나누어 봅시다.

2. 사례관리자의 기능에 따라 사례관리자는 클라이언트에게 적합한 지원을 위하여 직접적, 간접적인 다양한 역할을 찾고 적합하게 지원하는 역할을 합니다. 우리가 만나는 클라이언트에게 도움이 될 수 있는 사례관리자로서의 역할을 다하기 위하여 앞으로 갖추어야 할 역량들에는 어떠한 것들이 있을지 이야기 나누어 봅시다.

PART 02

사례관리 실천과정

CHAPTER

07 초기 단계

초기 단계는 사례관리자가 다양한 경로를 통해 클라이언트를 발굴하고 기본 정보를 수집하며 사례관리 대상자 선정 여부를 결정하는 단계이다. 사례관리 실천과정 중 초기 단계의 과업과 기술에 대해 살펴보고자 한다.

사례관리과정은 학자별, 실천분야별 약간의 차이가 있지만 일반적으로 초기 단계－사정 단계－계획수립 단계－실행 및 점검 단계－평가와 종결 단계와 같이 5단계로 구분한다.

1. 초기 단계 개념

사례관리과정에서 초기 단계는 사회복지 분야, 사례관리자의 역할, 학자의 분류에 따라 다르게 나타나며 초기 단계를 사정 단계에 포함하여 진행하기도 한다. 하지만 사정 단계에 포함된다고 해도 분명한 것은 초기 단계의 과업이 수행된다는 점이다. 사례관리 초기 단계는 사례관리의 첫 단계로, 사례관리자가 문제 및 욕구 해결에 어려움을 가진 클라이언트를 다양한 경로를 통해 발견하고 사례관리의 적격성 여부를 거쳐 사례관리 대상자로 선정하는 단계이다. 주요 과업으로는 사례발굴과 인테이크가 있다.

2. 초기 단계 내용과 기술

1) 사례 발굴

사례 발굴은 크게 3가지로 구분되는데, 클라이언트의 직접 도움 요청, 기관 내부 또는 외부로부터의 의뢰, 사례관리자가 직접 찾아가는 클라이언트 발굴 등이 있다.

(1) 클라이언트의 직접 도움 요청

클라이언트의 직접 도움 요청은 클라이언트 스스로가 복지기관에 방문, 전화 등의 방법으로 접촉하여 서비스를 요청하는 것을 말한다. 사회복지현장에서는 클라이언트가 직접 도움을 요청하는 경우는 흔하지 않다. 도움이 필요한 클라이언트는 자신이 가지고 있는 문제 또는 욕구를 어디에서, 어떻게 도움을 받아야 할지 잘 모르는 경우가 많기 때문이다.

클라이언트가 직접 도움을 요청하는 경우는 그만큼 클라이언트의 상황이 급박하거나 절실하며 자신의 문제 또는 욕구를 빨리 해결하고 싶다는 의지가 강할 수도 있다. 이러한 경우 사례관리 개입이 용이할 수 있다.

(2) 의뢰

사례관리자의 사례 발굴은 대부분 의뢰를 통해 발굴된다. 의뢰는 사례관리자가 외부로부터 의뢰를 받는 것과 외부로 의뢰를 보내는 것으로 나누어진다. 클라이언트를 의뢰하는 의뢰처는 매우 다양하다. 기관 내부에서 다른 사업 또는 프로그램에 참여하는 서비스 이용자일 수도 있으며, 읍면동 행정복지센터, 시군구청, 사회복지기관이나 시설, 학교 또는 교육청, 고용센터, 경찰, 종교시설, 지역아동센터, 병원 또는 보건소, 이웃주민 등 다양한 통로를 통해 의뢰된다.

지역사회 다양한 의뢰처를 통해 클라이언트를 발굴하기 위해서는 의뢰처와 긍정적인 관계를 맺고 유지·관리하기 위한 노력이 필요하다. 지역사회 네트워크를 활용하고 주기적으로 의뢰처 목록표를 최신화하여 협력적인 관계를 유지해야 한다. 의뢰처를 통해 사례를 의뢰받을 때는 공문을 통해 공식적으로 의뢰받는 것이 중요하며, 이는 클라이언트의 사례관리 개입에 필요한 정보를 제공받는 데 도움이 된다.

- 사례관리 의뢰를 받을 때는 '서비스 의뢰서'를 받는 것이 바람직하며 클라이언트를 의뢰하는 이유와 필요한 서비스 등을 기록하는 것이 좋다. 또 의뢰자의 욕구와 클라이언트의 욕구 차이를 분명하게 확인하여야 한다.
- 사례관리자는 서비스 의뢰서를 접수한 후 클라이언트에게 전화 통화를 하여 정말 도움을 원하는 상황인지 확인한다. 도움을 원하는 경우 인테이크를 진행한다.

만약 기관 내부적으로 클라이언트에게 서비스를 제공하기 어렵다고 판단된다면 사례관리자는 클라이언트에게 적합한 서비스를 제공할 수 있는 외부 기관으로 의뢰할 수 있다.

- 의뢰를 할 때 클라이언트에게 우선순위에 해당하는 문제가 무엇이며, 클라이언트가 문제 또는 욕구해결을 원한다고 동의해야 한다.
- 의뢰하기의 경우 클라이언트의 욕구를 정확하게 파악하고 의뢰 기관에 과거 이용 거절을 당한 곳은 아닌지 확인이 필요하다.
- 클라이언트의 욕구와 서비스에 대한 기대 등 필요한 정보들을 기록한 서비스 의뢰서를 제공한다.

(3) 직접 사례 발굴(아웃리치)

직접 사례 발굴은 사례관리자가 기관 외부로 직접 나가 클라이언트를 찾아 나서는 것이다. 클라이언트의 서비스 접근성을 높이며 복지사각지대 발굴을 위해 사회복지기관의 사례관리자가 직접 찾아 나서는 방법이다. 사례관리자가 수시로 외부에 나가 클라이언트를 직접 발굴하는 활동과 민관이 협력하여 정기적이고 안정적인 활동으로 클라이언트를 발굴하는 방법이 있다.

직접 사례 발굴 활동을 위해 사례관리자가 고려해야 할 사항은 다음과 같다.

- 서비스가 필요한 클라이언트를 발굴하기 위해서는 사례 발굴이 가능한 장소와 네트워크 체계 등 지역사회 자원과 정보를 충분히 파악하여야 한다.
- 발굴한 클라이언트와 개별 상호작용을 통해 기관에서 이용할 수 있는 서비스 또는 프로그램과 자원을 안내한다. 사례관리자에 의해 직접 발굴되는 클라이언트는 다른 경로로 발굴된 클라이언트와는 달리 자신의 정보 노출에 대한 부담감, 무기력함, 변화에 대한 두려움, 방어적인 자세 등을 가지고 있을 가능성이 있으므로 주의를 기울여야 한다.
- 사례관리가 필요한 클라이언트일수록 서비스에 대한 인지도와 접근성이 매우 낮다. 사례관리자는 이 부분을 명심하고 클라이언트에게 접근하여야 한다.

최근에는 민간기관(사회복지시설)과 공공기관(시군구청, 읍면동 행정복지센터)의 민간협력 네트워크가 중요시되고 있기 때문에 사례 발굴을 위해 함께 협력하는 경우도 많다. 지역사회 내 복지사각지대 발굴과 복지서비스 홍보를 위해 '찾아가는 복지서비스'를 실시하는 경우가 직접 사례 발굴 활동(아웃리치)의 대표적인 사례다.

3. 인테이크

1) 인테이크의 중요성

사례관리 인테이크 과정의 주요 과업은 다음과 같은 과정을 담고 있다.

- 클라이언트와의 초기 관계형성
- 인테이크를 통한 클라이언트의 정보 수집
- 사례관리 대상자 여부 판정
- 개인정보 수집·활용 동의서 작성

인테이크에서는 클라이언트의 개인력, 가족력을 확인하고 현재 겪고 있는 문제 또는 욕구가 무엇인지 파악하여 사례관리 대상자로의 판정 여부를 결정하는 단계이다. 인테이크를 통해 수집된 정보를 바탕으로 사례관리 대상자 판정 여부를 결정하고 해당하는 클라이언트에 한해 사례관리 서비스를 계속해서 제공한다.

사례관리자는 클라이언트의 상황에 대한 기본적인 정보와 개인력, 가족력을 수집한다. 이 과정에서 클라이언트와 가족의 정보를 얻는 것도 중요하지만 클라이언트와 가족의 문제 또는 욕구가 무엇인지에 초점을 두고 관계형성을 하는 것도 필요하다.

인테이크 기록지는 사례관리자와 클라이언트가 직접 면접하여 작성하는 것이 원칙이며 의뢰인 또는 보호자가 함께 면접을 할 수 있다. 클라이언트와 보호자가 진술하는 내용은 가능한 한 클라이언트와 의뢰인, 보호자가 진술한 내용 그대로 기록하는 것이 좋다. 여기서 인테이크를 진행한 사례관리자가 계속해서 클라이언트의 사례관리자가 되는 것이 아니며 클라이언트의 특성을 고려하여 기관에서 사례관리자를 변경할 수도 있다.

2) 인테이크의 기술

인테이크를 잘하기 위해서는 사례관리자가 클라이언트를 상담하고 정보 수집 기술을 전문적으로 숙지하고 있어야 한다. 클라이언트와 긍정적인 관계형성을 위한 몇 가지 기술을 소개한다.

(1) 소개하기

사례관리자가 먼저 자신과 기관을 소개하고 인테이크란 무엇인지, 왜, 어떻게 진행하는지 설명한다. 클라이언트에게 전문 용어를 쓰며 어렵고 길게 설명한다면 이해하기 힘들다. 클라이언트의 상태와 이해수준을 고려하여 설명하고 명료하며 이해하기 쉽게 전달한다. 그리고 클라이언트에게 질문의 기회를 주며 궁금한 부분들에 대해서도 추가적으로 설명한다. 사례관리자는 자신과 기관을 소개할 때 사례관리자의 역할을 알려주어 신뢰와 기대를 가지고 상담에 참여할 수 있도록 분위기를 조성한다.

(2) 경청하기

인테이크 시 중요한 자세 중 하나는 경청하기이다. 사례관리자는 클라이언트의 말을 주의 깊게 들으며 적절한 반응을 해준다. 클라이언트의 이야기를 진지하면서도 공감하고 귀 기울여 듣고 있다는 것을 보여준다면 클라이언트도 편안한 분위기 속에서 이야기할 수 있을 것이다. 사례관리자는 이때 적절한 질문 기술을 활용하며 클라이언트와의 신뢰를 쌓도록 한다.

클라이언트의 이야기를 경청하며 사례관리자가 한 번씩 내용을 요약해서 이야기를 다시 하며 진술 내용과 문제 및 욕구를 다시 한번 확인하고 정확하게 이해했는지 명료화하는 질문을 활용하는 것이 필요하다.

(3) 반응하기

반응하기는 클라이언트의 진술을 들으면서 추가적으로 확인이 필요하거나 공감하고 있는 감정과 내용을 전달하는 사례관리자의 피드백 기술이다. 경청하기와 마찬가지로 인테이크 시 클라이언트가 했던 말을 반복하거나 강조하는 것, 사례관리자가 클라이언트를 충분히 이해하고 관심을 가지고 있다는 표시로 반응을 하는 것이 좋다.

(4) 관찰하기

사례관리자는 클라이언트가 말하고 행동하는 것에 관심을 가지고 주의를 기울여 관찰한다. 관찰하기는 사례관리자가 클라이언트를 처음 만났을 때부터 클라이언트의 표정, 손짓, 눈맞춤, 행동 등을 주의하여 살피고 말과 행동, 즉 언어적 표현과 비언어적 표현이 일치하는지도 확인한다. 클라이언트가 말하기 어렵거나 위협적인 상황에서 주로 침묵을 하게 되는데 이러할 경우 주로 언제, 어떤 이야기를 하는 도중에 그러한지 정확하게 파악하는 것이 중요하다.

(5) 부정적인 감정 다루기

사례관리자를 처음 만나는 클라이언트는 여러 낯선 상황에서 불안한 마음을 가지게 된다. 처음 보는 사람에게 자신을 노출하고 도움을 요청해야 한다는 것은 기대와 희망을 갖지만 다른 한편으로는 자신이 부끄럽고 빨리 이 상황을 피하고 싶은 마음을 가질 수도 있다. 자신에 대해서 어느 수준까지 드러내야 하며 '사례관리자가 자신을 도와 상황이 달라질 수 있을까?'라는 의심을 하기도 한다.

사례관리자는 여러 복잡하고 부정적인 감정을 가지고 있는 클라이언트의 감정을 잘 다루어 인테이크에서 나타날 수 있는 의심, 저항, 기피 등을 줄이고 보다 안정적인 분위기를 만들어 면접을 진행할 수 있도록 한다.

3) 사례관리 대상자 여부 판정

인테이크 단계의 주요 목적은 사례관리 대상자 여부를 확인하는 것이다. 앞서 여러 방법으로 발굴한 클라이언트들이 모두 사례관리 대상자가 되는 것은 아니다. 인테이크에서 사례관리자는 클라이언트의 문제 및 욕구와 여러 정보를 수집하고 사례관리 서비스 제공의 적합 여부를 판정하여 결정한다. 이때 적합 여부는 기본적으로 2가지 기준에 따른다.

첫째, 기관의 사례관리 서비스 역량과 자격기준에 대한 적합성이다. 사례관리기관은 내부적으로 정해놓은 서비스 자격기준이 있으므로 이에 적합한 사람인지 확인하고 사례관리 서비스 대상자로 선정한다.

둘째, 대상자가 사례관리 서비스에 동의하고 자신의 문제 및 욕구를 해결하려는 의지가 있는지 확인 후 최종적으로 대상자 선정을 한다.

위 2가지 기준을 모두 충족하여 사례관리 서비스 대상자로 선정된다면 다음 단계 서비스를 계속해서 제공하게 된다. 만약 기관 내부 사례관리 서비스 자격기준에 부적합 판정을 받은 클라이언트가 있다면 기관 내 클라이언트에게 제공할 수 있는 다른 자원을 탐색해 보거나 지역사회 내 사회복지 유관기관에 연락하여 클라이언트가 적합한 서비스를 이용할 수 있도록 의뢰할 수 있다.

4) 개인정보 수집 · 활용 동의서 작성

인테이크를 통해 사례관리 대상자로 결정이 된 경우, 사례관리자는 기관에서 실행되는 사례관리 서비스의 과정과 내용에 대해 자세히 설명하고 개인정보 수집 · 활용 동의서를 받는다.

개인정보 수집 · 활용 동의서는 개인정보 보호법 제15조, 제22조에 의거하여 클라이언트의 개인정보 수집 · 활용에 있어 동의 절차를 준수하고, 고지 후 수집된 정보는 기관에서 사례관리 서비스를 위한 업무 목적 이외에는 사용하지 않고 비밀보장 원칙에 따라 타인에게 공개하거나 유출하지 않는다는 것을 확인시킨다. 클라이언트의 개인정보를 수집하는 이유는 먼저 인테이크 과정에서 대상자의 진술에 의한 개인정보를 확인하기 때문이다.

클라이언트의 개인정보는 사례관리 대상자 선정 후 기관에서 사례관리 서비스 제공 시 최소한의 필요한 정보에 해당하며 그에 관하여 동의하지 않을 수도 있으나 그 경우 원활한 서비스 제공이 어려울 수 있음을 충분히 설명한다.

〈표 7-1〉 개인정보 수집·활용 동의서 예시

개인정보 수집 · 활용 동의서

■ 기본 개인정보 수집 · 활용에 관한 동의

활용목적	OOO기관 사례관리 관련 지원 및 서비스 제공
수집하는 기본 항목	성명, 성별, 생년월일, 연락처, 주소, 건강, 장애, 소득 등 사례관리 및 기타서비스 연계 신청 관련 서류상의 개인정보
개인정보 보유 및 활용 기간	개인정보 수집 및 활용에 대한 동의일로부터 서비스 종료일까지 보유·활용됩니다. 단, 서비스 종료 이후에는 민원처리, 법령상 의무 이행, 분쟁해결만을 위해 보유·활용

귀하는 개인정보 제공 동의를 거부할 권리가 있습니다. 다만, 동의하지 않으시는 경우 원활한 서비스 이용에 불이익을 받으실 수 있습니다.

☐ 동의함 ☐ 동의하지 않음

■ 개인정보 제3자 제공에 관한 동의

제공받는 자	공공기관 및 복지 관련 기관 등
활용목적	개인정보 제공자의 서비스 이용 및 관리
활용항목	제3자가 업무수행에 필요한 최소한의 정보
보유 및 활용 기간	동의일로부터 개인정보 조회 목적을 달성할 때까지

귀하는 개인정보 제공 동의를 거부할 권리가 있습니다. 다만, 동의하지 않으시는 경우 원활한 서비스 이용에 불이익을 받으실 수 있습니다.

☐ 동의함 ☐ 동의하지 않음

■ 개인정보 제공자가 동의한 내용 외의 다른 목적으로 활용하지 않으며 제공된 개인정보의 이용을 거부하고자 할 때에는 개인정보 관리책임자를 통해 열람, 정정, 삭제를 요구할 수 있습니다. 단, 만 14세 미만 아동인 경우 반드시 법적 대리인의 동의가 필요합니다.

개인정보 보호법 등 관련 법규에 의거하여 본인은 위와 같이 개인정보 수집 및 활용에 동의합니다.

년 월 일

성명 : (인)

법적 대리인 성명 : (인)

관계 : (인)

OOO기관 귀하

4. 사례관리실천 기록 작성을 위한 사례 예시

앞으로 언급될 제7장 초기 단계부터 제8장 사정 단계, 제9장 계획수립 단계, 제10장 실행 및 점검 단계, 제11장 평가와 종결 단계의 과정에서 이루어지는 실습을 위한 사례이다.

※ 의뢰경로 : 본 세대 후견인의 의뢰(마을주민들의 노동착취로 인한 도움 요청)

김희망 씨는 42세의 지적장애를 지닌 기혼 남성이다. 경상북도 사랑시 출생으로 아들이 7세 때 아내의 가출로 이혼을 하여 현재 살고 있는 주택(당신구 행복면)에서 희망 씨의 어머니(박진심, 84세)와 아들(김행운, 16세, 지적장애)과 함께 살고 있다.

아버지는 2019년 지병(암)으로 돌아가셨으며 사랑시에 형(54세)과 누나(51세)가 살고 있으나, 가족(어머니, 형, 누나) 모두 경계선 지적장애를 지니고 있어 도움을 필요로 하고 있다. 아버지가 살아계실 적부터 마을 주민들의 소일거리 및 농사일을 도우며 생계를 이어갔으며 김희망 씨 또한 어렸을 적부터 학교를 다니지 못하고 부모님의 농사일을 도우며 살아왔다.

아버지 사망 후 기초생활수급세대, 3인 가구로 88만 원 정도의 생계비와 노령연금 및 장애연금 70만 원으로 총 158만 원 정도 월수입이 있으나 누나와 형들이 수급비를 대부분 사용하여 김희망 씨는 마을의 고물과 폐지를 주워서 생활을 하다 보니 집안 및 마당까지 고물과 폐지들로 꽉 차 있어 열악한 주거환경에 거주하고 있었다. 드림스타트에서 사례관리하던 중 주거환경개선을 위해 찾아갔을 때 만난 아들(김행운)이 현재의 후견인에게 "우리 아빠 해주세요"라는 말을 하여 주거환경개선 자원봉사 이후에도 지속적인 봉사활동을 이어온 시간이 10년 가까이 된다.

3년 전 성년후견인으로 지정되어 현재는 법적인 후견인의 역할을 수행하고 있으나 아들(김행운)뿐만이 아니라 주변 환경(누나, 형, 이웃 등)들 간의 여러 가지 문제들로 인해 너무 힘든 상황으로 복지관으로 의뢰가 되어 사례관리가 시작되었다.

우선적으로 경제적인 어려움으로 고물과 폐지를 줍는 생활로 인해 열악하고 비위생적인 가정환경과 마을 주민들이 일을 시키고 임금을 제대로 주지 않는 등의 노동착취와 관련한 문제가 있으며 두 번째로 중학교 3학년이 되면서부터 아들의 폭력적인 행동으로 인한 가족 간의 갈등과 상처들로 인한 위기상황들이 발생되었다.

김희망 씨는 무학으로 인해 학습능력이 낮으며 인지능력의 제한으로 학습기능(한글, 수, 금전, 시간개념 부족)이 낮은 약점이 있지만 선한 성품과 가족에 대한 애정이 깊고 사회성이 좋으며 기본적인 일상생활 및 사회생활이 가능하다.

복지관 장애인일자리 사업에 1년 이상 참여하며 단순한 직무는 책임감 있게 수행하는 모습이 확인되어 행복면 직업재활시설(보호고용)로 연계하여 직장생활을 하게 되었다.

주중(월~금)에는 보호작업장을 이용해서 괜찮지만 보호작업장을 이용하지 않는 주말이면 마을 주민들은 이러한 희망 씨의 약점을 활용하여 하루 종일 농사일을 시킨 후 라면을 끓여주거나 만 원 정도 일당을 주며 경제적 착취를 일삼는 행동들을 많이 하였다. 경제적인 착취 외에도 일을 하며 다치는 경우가 많아서 허리, 다리 등 지속적인 병원치료를 하고 있는 상황이다. 후견인이 직접 찾아가 일을 시키지 말라고 하여도 "당신이 뭔데 상관이냐, 난 돈을 줬어."라며 마을 주민들은 오히려 큰소리치며 잘못을 뉘우치지 않는 행동을 보이는 경우가 많았다.

현재 살고 있는 마을은 희망 씨의 고향이며 어머니가 경로당을 이용하는 등 오래된 삶터이기 때문에 주민들과의 관계를 악화시키지 않는 선에서의 문제해결을 위해 장애인권익옹호기관과 함께 마을 이장을 찾아가 면담을 진행하였으며 이러한 상황은 명백히 장애인 학대임을 안내한 후, 마을 주민들에게도 장애인학대예방교육을 진행했으면 좋겠다고 제안하였다. 복지관 담당자, 후견인, 희망 씨와 함께 보호작업장에서 근로하며 받은 희망 씨의 훈련비로 마을회관에서 주민(어르신)들에게 자장면을 대접하였다. 희망 씨는 일을 하고 싶어 하고 현재 어렵게 보호작업장에 취업을 하였으니 다치지 않고 건강하게 오랫동안 일을 할 수 있도록 후견인과 담당자가 주민들에게 협조를 부탁하는 시간을 가졌다. 다음부터 일을 시키는 것을 보면 복지관 담당자에게 연락을 하겠다고 하며 주민들이 적극 협조해 주기로 하였다.

하지만 몇 달 이후에도 마을 주민이 일을 시키는 것을 알게 되어 장애인권익옹호기관에서 마을 전수조사를 진행하였으나 모두 "예전에는 일을 시켰으나 지금은 하지 않는다"며 부인하는 바람에 정확한 근거가 없어 경찰에 신고하지는 못했다고 하였다. 지속적으로 이루어지는 노동착취와 관련하여 발달장애인지원센터와 행복면 행정복지센터, 복지관, 가족지원센터 등 유관기관의 통합사례회의를 진행하였다. 행정기관(공무원) 및 해당지역 파출소에서 주말 동안 동네와 세대방문을 통해 민관에서 함께 희망 씨의 안전상황 모니터링을 강화하자 현재 마을 주민들의 문제행동들은 거의 나타나지 않고 있는 상황이다.

하지만 아들이 중학교 3학년이 되면서 집안에 있는 기물들을 부수고 밤에 잠을 자지 않는 행동들로 인해 희망 씨가 잔소리를 하거나 말을 안 들을 경우 욕을 하여 아들이 분노를 조절하지 못하고 아버지를 때리는 행동들이 최근 들어 수차례 발생하여 자녀의 심리적인 부분에 대한 병원 진료 및 학교 담임교사, 활동지원사와 함께 사례회의를 진행하였다. 담당자는 아들 행운과 함께 상담을 진행하며 행운이 현재 다니고 있는 병원이 아닌 예전에 다녔던 병원 진료를 권하면서 약 복용에 신경을 썼다. 평소 학교생활과 특수학교 기숙사 생활 시에는 교사 및 기숙사 담당교사가 주의 깊게 행운을 살피며 학교생활에 집중하도록 하였다. 주말에 집에 오게 되면 아버지와의 다툼이 발생하지 않도록 담당자, 후견인, 활동지원사의 잦은 방문을 통한 상담과 모니터링을 진행하였다.

희망 씨에게는 지역 내 유관기관(발달장애인지원센터, 장애인부모회, 특수학교, 성인권센터, 병원 등)과의 자원연계를 통해 자녀에 대한 올바른 이해 및 부모역할에 대한 상담 및 교육을 지원하고 있다. 희망 씨는 아들에게 부정적인 언행을 자제하는 행동의 변화가 보이고, 심리적으로 아들에 대한 불안한 마음은 많이 없어진 상황이다.

희망 씨는 아들이 고등학교를 졸업하고 자립생활을 할 때까지 아들의 진로에 대한 적절한 방향을 설정하고 자연스러운 자립생활을 이룰 수 있도록 지원할 계획이다. 장기적으로는 학교와의 협력을 통해 직업능력을 향상시켜 적합한 취업으로 연계한 후, 지역 내 그룹홈에서 독립적인 생활을 준비할 수 있도록 적응 계획을 세우고 있다. 희망 씨 또한 본인의 바람대로 어머니가 돌아가신 이후에는 현재 거주하고 있는 동네에서 이사를 하여 그룹홈에서의 자립훈련을 통해 추후 독립적으로 생활할 수 있는 제2의 인생을 꿈꾸고 있다. 복지관에서는 희망 씨가 원하는 행복한 삶을 살아갈 수 있도록 지원하고자 한다.

5. 초기 단계 실습

1) 기록 내용 방법

사례관리자가 상담 내용을 기록하기 위해 무작정 기록을 하게 된다면 클라이언트는 자신의 정보가 노출된다는 부담을 가질 수 있기 때문에 정보가 공개되지 않는다는 것을 명확하게 확인시켜야 한다. 기록은 녹음, 녹화, 사진촬영, 메모 등 다양한 방법으로 활용될 수 있으며 녹음이나 녹화의 경우에는 클라이언트의 사전 동의를 받아야 한다. 또 녹음, 녹화를 할 때는 상담에 방해가 되지 않도록 주의하며 활용해야 한다.

2) 좋은 기록과 좋지 않은 기록

좋은 기록은 클라이언트의 기초적인 정보가 담겨 있고 상황에 대한 묘사와 사회복지사의 견해가 명확하게 분리되어 있으며 객관적인 정보를 기록한 것이다. 또 내용이 정확하고 간결하며 구체적이다. 전문가적 윤리를 바탕으로 작성한 것이며 적절한 이론과 클라이언트의 관점을 반영한 기록이다.

반대로 좋지 않은 기록은 사례관리자의 주관적인 정보 등이 편중화되어 있거나 잘못된 판단, 부정확한 사정, 비윤리적 행동, 부적절한 개입을 담고 있는 기록이다. 또한 불필요한 정보가 너무 많거나 너무 적게 쓴 기록은 정보화하기 힘든 기록으로 필요한 사람에게는 정보를 제대로 제공하지 못한다. 객관적인 평가와 정보 없이 결론을 내려 기록상 과도한 축약이 나타나기도 한다.

3) 기록 시 유의사항

모든 기록은 클라이언트의 동의가 없다면 외부로 절대 유출해서는 안 되며 외부 유출 시 익명성과 비밀이 철저하게 보장되어야 한다. 클라이언트의 민감하고 사적인 정보들을 기록하기 때문에 사례기록은 반드시 잠금장치가 되어 있는 곳에 보관하여 개인정보 보호와 비밀보장이 되어야 한다.

4) 인테이크 기록지 양식

인테이크 기록지

① 이용자번호				② 상담일자			
③ 상담방법	□방문 □내방 □전화			④ 상 담 자			
⑤ 접수경로	□클라이언트 직접요청(방법 :)			□사례관리자의 발굴			
	□기관 내부 의뢰( )			□타 기관 의뢰( )			
	□주민의뢰( )			□기타( )			
⑥ 클라이언트 및 가족현황							
성 명		성 별	□남 □여	생년월일			
주 소				연락처			
결혼관계	□미혼 □기혼 □이혼 □사별 □재혼 □기타( )						
가족관계	관계	성명	나이/ 성별	직업	동거여부	연락처	기타
	특이사항 : (비상연락처 : /)						
⑦ 세대유형	□1인가구세대 □노인세대 □조손세대 □한부모세대 □장애인세대 □부모자녀세대 □기타( )						
⑧ 대상분류	보호구분	□수급자 (□생계급여 □의료급여 □주거급여 □교육급여) □조건부수급자					
		□차상위계층 (□한부모 □차상위계층 □자활 □본임부담경감 □장애인)					
		□일반 및 기타 ( )					
⑨ 주거상황	주거형태	□일반주택(지상/ 지하) □다세대주택 □아파트 □기타( )					
	소유형태	□자가 □전세(만원) □월세(보증금 만원, 월세 만원) □무료임대 □공공임대(보증금 : 만원, 월세 : 만원) □기타( )					
	특이사항:						
⑩ 경제상황	월 수입	□근로소득(만원) □연금/ 수당(만원) □후원금(만원) □공공급여(생계급여 : 만원, 주거급여 : 만원) □기타(만원) 총 수입 : 원					
	월 지출	□주거비(만원) □주부식비(만원) □의료비(만원) □통신비(만원) □교통비(만원) □기타(만원) 총 지출 : 원					
	부 채	□유(만원, 부채경위 :) □무					
	특이사항 :						
⑪ 건강상황	건강정도	□양호 □보통 □허약		질 병	□유( ) □무		
	장애유무	□유 □무	장애유형	( )장애	보장구	□유( ) □무	
			장애정도	□심한 □심하지 않은			
	치료기관				복용약물		
	특이사항 :						
⑫ 주요문제							
⑬ 상담자의견							

5) 인테이크 기록지 작성방법

분 류	세부내용
① 접수번호	기관 자체적으로 인테이크를 구분하는 일련번호
② 상담일자	인테이크를 진행하는 날짜를 기준으로 작성
③ 상담방법	가정방문, 기관내방, 전화 등을 선택 • 방문 : 클라이언트의 가정에 방문하여 상담한 경우 • 내방 : 클라이언트가 기관에 내방하여 상담한 경우 • 전화 : 클라이언트와 직접 만나지 않고 전화로 상담한 경우
④ 상담자	인테이크에 참여하는 사례관리자 이름 작성
⑤ 접수경로	클라이언트를 발굴하게 된 경로를 선택하고 해당하는 곳에 체크 후, 의뢰자 또는 의뢰기관을 작성 • 클라이언트 직접 요청 : 클라이언트가 직접 기관에 서비스를 요청한 경우 • 사례관리자의 발굴 : 사례관리자가 직접 클라이언트를 발굴한 경우 • 기관 내부 의뢰 : 기관 내 타 부서에서 클라이언트를 의뢰한 경우 • 타 기관 의뢰 : 타 기관에서 클라이언트를 의뢰한 경우 • 주민의뢰 : 통장, 이웃주민 등이 클라이언트를 의뢰한 경우
⑥ 클라이언트 및 가족상황	클라이언트의 인적사항과 가족관계를 작성
⑦ 세대유형	다양한 세대 유형 중 클라이언트가 해당하는 세대 유형을 선택
⑧ 대상분류	클라이언트의 사회보장 형태를 확인하고 작성
⑨ 주거상황	클라이언트와 가족 구성원이 거주하는 주거 및 소유 형태 확인 후 해당하는 곳에 선택
⑩ 경제상황	클라이언트의 세대 월 수입, 월 지출, 부채에 대한 정보를 작성
⑪ 건강상황	클라이언트의 건강상태, 질병 유무, 장애유무, 장애종류 및 정도, 치료기관, 복용약물 확인
⑫ 주요문제	클라이언트가 현재 어려움을 겪고 있는 문제 및 욕구를 작성
⑬ 상담자 의견	클라이언트의 진술과 조사된 객관적 정보를 중심으로 의견 작성. 사례관리 대상자 적합 여부를 판정하기 위한 제안이 됨

6) 인테이크 기록지 작성 예시

인테이크 기록지

① 이용자번호	2021-000100	② 상담일자	2021.1.11.
③ 상담방법	■방문 □내방 □전화	④ 상 담 자	이동행

⑤ 접수경로	
	□클라이언트 직접 요청(방법 :) □사례관리자의 발굴 □기관 내부 의뢰( ) □타 기관 의뢰( ) □주민의뢰( ) ■기타(공공후견인 의뢰)

⑥ 클라이언트 및 가족현황

성 명	김희망	성 별	■남 □여	생년월일	1981. 12. 25.
주 소	경상북도 사랑시 당신구 행복면			연락처	010-****-****
결혼관계	□미혼 □기혼 ■이혼 □사별 □재혼 □기타( )				

가족관계	관계	성명	나이/ 성별	직업	동거여부	연락처	기타
	본인	김희망	42세/ 남	무직	O	010-****-****	-
	모	박진심	84세/ 여	무직	O	-	-
	자녀	김행운	16세/ 남	중학생	O	010-****-****	-
	특이사항 : 가족 구성원 모두 지적장애 또는 의심으로 자산관리 및 인권침해에 대한 문제들로 인하여 공공후견인이 지정되어 지원하고 있음. (비상연락처 : 후견인 / 010-****-****)						

⑦ 세대유형	
	□1인가구세대 □노인세대 □조손세대 □한부모세대 ■장애인세대 □부모자녀세대 □기타( )

⑧ 대상분류	보호구분	
		■수급자 (■생계급여 ■주거급여 ■의료급여 ■교육급여) □조건부수급자
		□차상위계층 (□한부모 □차상위계층 □자활 □본임부담경감 □장애인)
		□일반 및 기타 ( )

⑨ 주거상황		
	주거형태	■일반주택(지상) □다세대주택 □아파트 □기타( )
	소유형태	■자가 □전세(만원) □월세(보증금 만원, 월세 만원) □무료임대 □공공임대(보증금 : 만원, 월세 : 만원) □기타( )
	특이사항 : 오래된 주택이기 때문에 보수가 필요한 부분이 많음. 집안 도배와 장판은 교체가 필요할 정도로 오랜 시간 보수를 하지 않음.	

⑩ 경제상황		
	월 수입	□근로소득(만원) ■연금/ 수당(70만원) □후원금(만원) ■공공급여(생계급여 : 88만원, 주거급여 : 만원) □기타(만원) 총 수입 : 1,580,000원
	월 지출	■주거비(20만원) ■주부식비(80만원) ■의료비(1만원) ■통신비(15만원) ■교통비(5만원) □기타(만원) 총 지출 : 1,210,000원
	부 채	□유(만원, 부채경위 :) ■무
	특이사항 : 지출과 관련된 부분은 후견인이 직접 관리하고 있으며 물품 구입 및 세금납부 등은 후견인이 직접 처리하고 있음.	

⑪ 건강상황						
	건강정도	□양호 □보통 ■허약	질 병		■유(어깨 및 허리통증) □무	
	장애유무	■유 □무	장애유형	(지적)장애	보장구	□유( ) ■무
			장애정도	■심한 □심하지 않은		
	치료기관	OO대학병원 정형외과			복용약물	없음.
	특이사항 : 최근 마을 주민들의 농사일을 도와주러 경운기를 운전하다 넘어져 어깨 수술을 한 이력이 있으며 허리 디스크로 OO대학병원 정형외과에서 통원치료하고 있음.					

⑫ 주요문제	
	1. "계속해서 일을 하고 싶어요." 2. "마을 사람들이 쉴 시간도 없이 계속 일을 시켜서 힘들어요." 3. "아들이랑 같이 사는 게 싫고 힘들어요. 어머니가 돌아가시면 혼자 살고 싶어요."

⑬ 상담자 의견	
	• 클라이언트의 세대 구성원 모두 지적장애 및 경계성 지능장애를 지니고 있어 기본적인 일상생활의 어려움 외에도 노동착취, 정서적 학대, 자녀양육능력 부족 등의 문제가 발생하고 있음. • 2년 전 클라이언트 세대에 공공후견인이 선임되어 금전관리 외에도 생활 전반에 대해 적극적인 도움을 주고 있으나 여러 가지 한계를 느끼고 있는 상황으로 민관협력 등 다양한 자원들을 활용하여 가족관계 문제 및 권익보장과 관련한 사례관리가 필요하다고 보임.

토론하기

1. 옆 사람과 각각 사회복지사, 잠재적 클라이언트 역할을 맡아 사례관리기관을 처음 방문하는 잠재적 클라이언트의 상황에 대해 상황극을 진행해 봅시다.

2. 인테이크 과정에서 클라이언트와의 상담을 진행할 때 상담 내용은 어떻게 기록을 할 것인지에 대해 서로 이야기해 봅시다.

CHAPTER 08

사정 단계

사정 단계는 초기 단계에서 수집된 정보를 바탕으로 사례관리자가 클라이언트의 욕구를 해결하기 위한 서비스 계획수립에 필요한 클라이언트의 욕구와 목표, 강점과 자원, 장애물 등의 정보를 파악하고 수집, 분석하는 과정으로 진행된다. 이 장에서는 사례관리 실천과정 중 사정 단계의 과업과 기술을 살펴보고자 한다.

1. 사정 개념

1) 사정의 개념

사정이란 초기면접(intake)에서 수집된 정보를 토대로 클라이언트의 복합적이고 다양한 욕구 및 문제를 종합적이고 심층적으로 파악하여 클라이언트의 강점과 자원을 분석해 최종적으로 개입할 방향을 결정하는 과정이다.

사정은 생태체계적 관점에 기반하여 이루어지며, 클라이언트와 그 가족이 가진 문제뿐만 아니라 강점 및 자원에 대해서도 구체적으로 사정되어야 한다. 사정은 클라이언트에게 새로운 욕구가 발생하거나, 긴급한 상황이 발생하는 경우, 재사정이 요구되는 등 사례관리과정 중에 반복적이고 지속적으로 일어날 수 있다.

또한 자료수집과정에 이어 사정 단계에서도 클라이언트의 참여는 계속해서 중요한 역할을 한다. 클라이언트가 필요로 하지만 갖고 있지 않은 것이 무엇인지, 클라이언트가 어떤 역량과 자원이 있는지 또는 부족한지를 파악하고, 클라이언트의 신체적, 사회적, 정서적, 인지적, 재정적, 환경적 욕구 및 지지욕구를 구조화된 사정도구를 사용하여 확인하는 과정으로 사정 단계에서는 일반적으로 욕구, 자원 및 강점, 장애물에 대한 사정이 이루어진다.

2) 사정의 활용

사정 단계의 자료는 서비스 계획의 근거자료로 활용된다. 사례관리 대상자 선정 기준, 동시에 대상자의 문제 및 욕구의 긴급성과 중요도를 파악하는 자료가 된다. 또한 클라이언트 상태를 점수화하여 평가에 중요한 자료로 활용된다.

2. 사정 단계 내용과 기술

1) 욕구사정

(1) 욕구사정의 개념

욕구사정은 클라이언트의 일상생활에서 미충족된 욕구를 확인하는 것으로, 다차원적인 욕구영역으로 이루어진다. 클라이언트의 욕구는 사회, 심리, 의료, 교육, 여가, 직업 등 다양한 영역에 걸쳐 있을 수 있다.

욕구사정 시 주의할 점은 클라이언트 욕구와 요구를 구분하고, 제시된 욕구와 합의된 욕구를 구분하여 도출하는 것이다. 목슬레이(Moxley)는 욕구를 '생활을 영위하는 데 필요한 자원의 결핍된 상태'로 정의하였다(김만두 역, 1993).

〈표 8-1〉 클라이언트의 문제, 욕구, 요구의 비교

문제사정	욕구사정	요구사정
비만	체중을 감량하고 싶어요.	체중을 감량시켜 주세요.
실직	재취업하고 싶어요.	취업시켜 주세요.

제시된 욕구는 매우 구체적이고 정확한 경청을 통해 클라이언트나 의뢰자가 요청한 내용을 그대로 옮겨 놓은 내용을 의미한다. 클라이언트의 문제 또는 요구가 아닌 욕구에 집중해야 하며 욕구에 클라이언트의 의지가 포함되어야 한다. 클라이언트가 제시하는 욕구를 사례관리자가 중립적인 입장에서 구체적이며 심층적으로 확인해야 한다. 한편 합의된 욕구는 클라이언트의 욕구, 가족의 욕구, 의뢰자의 욕구, 그리고 사례관리자가 중요하게 생각하는 욕구들 사이의 합의점을 찾아내는 것이다.

때로 클라이언트, 사례관리자, 그리고 그 외 중요한 타인들이 제시하는 욕구가 불일치할 수 있다.

사례관리자는 클라이언트의 주된 욕구영역과 내용을 기본으로 하고 가족의 욕구도 동시에 염두에 두어야 한다. 클라이언트 욕구와 가족의 욕구 간에 차이 있으면 조정 노력이 필요하다. 이 경우 사례관리자는 이들 간의 합의된 욕구를 이끌어 내는 데 주력해야 하며, 만약 합의가 이루어지지 않는다면 위기상황, 법적인 문제상황 등을 제외하고는 클라이언트의 욕구를 우선시하는 것이 이후 개입과정에 도움이 된다.

(2) 욕구사정의 영역

욕구사정 도구는 사례관리기관과 대상에 따라 욕구사정의 영역과 세부내용에 있어서는 다소 차이가 있을 수 있다. 사례관리기관에서는 이러한 포괄적인 내용들을 포함한 사정양식을 구비하여 활용한다. 현재 아동, 노인, 장애인, 지역사회복지관, 위기가족의 욕구사정 영역은 실천분야의 특성에 따라 구성되어 있다(표 8-2). 이 중 가장 기본이 되는 것은 공공부문의 '사회복지통합전산망'에 있는 10가지 욕구조사(안전, 건강, 일상생활, 가족관계, 사회적 관계, 경제, 교육, 고용, 생활환경, 법률 및 권익보장) 영역으로 이를 사정하는 구체적인 방법은 위기도 조사지(표 8-4)에 잘 나타나 있다. 위기도 조사지에 각 욕구 영역별 평가 기준이 설정되어 있어, 사정질문을 통해 위기 정도를 점수화하여 사례관리 대상자를 선정할 수 있다(표 8-3).

〈표 8-2〉 사회복지 분야별 사례관리 사정의 욕구 영역 분류

사회복지 분야	사정의 욕구 영역 분류
희망복지지원단 욕구조사표	① 안전, ② 건강, ③ 일상생활 유지, ④ 가족관계, ⑤ 사회적 관계, ⑥ 경제, ⑦ 교육, ⑧ 고용, ⑨ 생활환경, ⑩ 법률 및 권익 보장
장애인복지관 욕구조사표	① 경제적 소득 지원, ② 교육 지원, ③ 문화 및 여가활동 지원, ④ 의료·재활·건강 지원, ⑤ 심리·정서 지원, ⑥ 사회적 지원, ⑦ 돌봄·보호·휴식 지원, ⑧ 직업·고용 지원, ⑨ 기타
드림스타트 욕구조사표	① 안전, ② 건강, ③ 일상생활 유지, ④ 가족관계, ⑤ 사회적 관계, ⑥ 경제, ⑦ 교육, ⑧ 고용, ⑨ 생활환경, ⑩ 법률 및 권익 보장
사회복지관 욕구조사표	① 기본생활, ② 교육발달, ③ 심리·정서, ④ 건강, ⑤ 안전, ⑥ 경제, ⑦ 가족관계, ⑧ 사회적 관계
임상사회복지분류체계(PIE)	① 가족역할, ② 다른 대인관계성의 역할, ③ 직업상의 역할, ④ 특수한 생활상황의 역할, ⑤ 기본적 욕구체계의 문제, ⑥ 교육 및 훈련체계, ⑦ 재판 및 법체계, ⑧ 건강·안전·사회적 서비스체계, ⑨ 자발적 모임체계, ⑩ 정서적 지지체계

〈표 8-3〉 욕구 영역별 위기도

영 역	총 점	사례관리 여부 기준표	해당 여부
1. 안전		• 어느 한 문항이라도 3점인 경우	□해당 □비해당
2. 건강		• 어느 한 문항이라도 3점인 경우	□해당 □비해당
		• 6번 문항이 2점 이상인 경우	□해당 □비해당
3. 일상생활 유지		• 1번 문항이 3점인 경우	□해당 □비해당
4. 가족관계		• 3번 문항이 2점 이상인 경우	□해당 □비해당
5. 사회적 관계		• 어느 한 문항이라도 3점인 경우	□해당 □비해당
6. 경제		• 1번 문항이 3점인 경우	□해당 □비해당
		• 3번 문항이 2점 이상인 경우	□해당 □비해당
7. 교육		• 2번 문항이 2점 이상인 경우	□해당 □비해당
		• 3번 문항이 3점 이상인 경우	□해당 □비해당
8. 고용		• 2번 문항이 2점 이상인 경우	□해당 □비해당
9. 생활환경		• 1~3번 문항의 총점이 4점 이상인 경우	□해당 □비해당
		• 4번 문항이 3점인 경우	□해당 □비해당
10. 법률·권익보장		• 2번 문항이 2점 이상인 경우	□해당 □비해당
총점			
(잠재적) 통합사례관리 대상자 선정 여부		각 욕구 영역별로 어느 하나라도 '해당'에 표시(☑)된 경우는 통합사례관리 대상자로 선정함	□선정 □미선정

〈표 8-4〉 위기도 조사지

<table>
<tr><td colspan="2">사례관리번호</td><td></td><td>위기도 조사일시</td><td colspan="4"></td></tr>
<tr><td colspan="2">대상자명</td><td></td><td>정보제공자명(관계)</td><td colspan="4"></td></tr>
<tr><td colspan="2">사례관리 담당자</td><td></td><td>위기정도에 따른
대상자 구분</td><td colspan="4"></td></tr>
<tr><td colspan="3" rowspan="2">문제유형</td><td colspan="4">욕구영역별
위기도평가</td></tr>
<tr><td>0</td><td>1</td><td>2</td><td>3</td></tr>
<tr><td rowspan="4">안전</td><td rowspan="2">가족 내
안전 유지</td><td>1. 함께 거주하고 있는 가족 구성원이 본인이나 가족을 위협하고 있거나 위협할 것 같다.

① 신체적 폭력 ② 정서적 폭력 ③ 성적 폭력 ④ 방임과 방치
⑤ 경제적 폭력

0) 해당사항 없음.
3) 어느 하나라도 해당 시 3점.</td><td></td><td>/</td><td>/</td><td></td></tr>
<tr><td>2. 본인이 가족(비동거 가족 포함)을 위협하고 있거나 위협할 것 같다.

① 신체적 폭력 ② 정서적 폭력 ③ 성적 폭력 ④ 방임과 방치
⑤ 경제적 폭력

0) 해당사항 없음.
3) 어느 하나라도 해당 시 3점.</td><td></td><td>/</td><td>/</td><td></td></tr>
<tr><td rowspan="2">가족
외부로
부터의
안전 유지</td><td>3. 비동거 가족, 친척, 친구, 이웃, 사회(학교, 직장 등) 등이 본인이나 가족을 위협하고 있거나 위협할 것 같다.

① 신체적 폭력 ② 정서적 폭력 ③ 성적 폭력 ④ 방임과 방치
⑤ 경제적 폭력

0) 해당사항 없음.
3) 어느 하나라도 해당 시 3점.</td><td></td><td>/</td><td>/</td><td></td></tr>
<tr><td>4. 응급상황이 발생할 경우 도움을 받는 데 어려움이 있다.

0) 어려움이 없다./ 해당사항 없음.
1) 도움을 요청할 지원체계는 있으나, 충분하지 않다.
2) 응급 시 도움을 요청할 지원체계는 있으나, 원만한 관계가 아니다.
3) 도움을 요청할 지원체계가 전혀 없다./ 응급상황을 인지하지 못한다.</td><td></td><td></td><td></td><td></td></tr>
</table>

건강	신체적 건강 유지	1. 본인이나 동거 가족이 신체적 건강 문제로 어려움을 겪고 있다. 0) 어려움이 없다./ 해당사항 없음. 1) 신체적 건강 문제가 있으나 일상생활 및 사회생활이 가능하다. 2) 신체적 건강 문제로 일부 일상생활이나 사회생활에 어려움이 있다. 3) 신체적 건강 문제로 일상생활이나 사회생활이 전혀 안 된다.				
		2. 본인이나 동거 가족이 신체적 건강 문제를 관리하는 데 어려움이 있다. 0) 어려움이 없다./ 해당사항 없음. 1) 관리하는 데 어려움이 있으나, 관리하기를 원하고 있다. 2) 관리하는 데 어려움이 있고, 건강관리를 위한 지원체계가 충분하지 않다. 3) 관리하는 데 어려움이 있고, 건강관리를 위한 지원체계가 전혀 없다.				
	정신적 건강 유지	3. 본인이나 동거 가족이 중독, 우울, 조현증(정신분열) 등의 정신질환으로 어려움이 있다. 0) 어려움이 없다./ 해당사항 없음. 1) 어려움은 있으나 일상생활 및 사회생활이 가능하다. 2) 일상생활이나 사회생활에 일부 어려움이 있다. 3) 일상생활이나 사회생활이 전혀 안 된다.				
		4. 본인이나 동거 가족이 중독, 우울, 조현증(정신분열) 등의 정신질환에 대한 증상관리가 어렵다. ① 질병인식(병식)이 없다. ② 증상관리를 도와 줄 자원이 없다. ③ 증상관리가 안 되고 있다. ④ 자해나 타해의 시도나 위험이 있다. 0) 해당사항 없음. 3) 어느 하나라도 해당 시 3점.				
		5. 본인이나 동거 가족이 약물을 복용하는 데 어려움이 있다. 0) 가족의 도움을 받거나 스스로 약물을 처방대로 복용하고 있다./ 해당사항 없음. 1) 약물 복용을 도와주는 지원체계가 있지만, 규칙적인 약물 복용이 어렵다. 2) 약물 복용을 도와줄 지원체계가 충분하지 않아서, 규칙적인 약물 복용이 어렵다. 3) 약물 복용이 전혀 이루어지지 않는다./ 약물 치료를 거부한다.				
		6. 본인이나 동거 가족이 지난 6개월 동안 자살을 시도하거나 구체적인 방법을 생각한 적이 있다. 0) 해당사항 없음. 1) 자살을 생각한 적이 있다. 2) 자살을 위한 구체적인 방법을 생각한 적이 있다. 3) 자살을 시도한 적이 있다.				

<table>
<tr><td rowspan="4">일상
생활
유지</td><td rowspan="2">의식주 관련
일상생활
유지</td><td>1. 자신의 건강을 해치거나 타인에게 피해를 줄 정도로 본인이나 동거 가족이 일상생활을 유지하는 데 어려움이 있다.

① 식사 ② 대소변 등 용변처리 ③ 옷 입기(세탁 포함)
④ 세수, 목욕 등 몸씻기 ⑤ 청소 ⑥ 정리정돈 ⑦ 수면
⑧ 그 외 가사활동

0) 해당사항이 0개인 경우/ 누군가의 도움을 받으며 원활하게 수행하고 있는 경우/ 해당사항 없음.
1) 해당사항이 1개인 경우(도움을 받아도 충분하지 않을 경우 포함)
2) 해당사항이 2개인 경우(도움을 받아도 충분하지 않을 경우 포함)
3) 해당사항이 3개 이상인 경우(도움을 받아도 충분하지 않을 경우 포함)/ 영유아인 경우 1, 2, 7 중 하나라도 해당하면 3점</td><td></td><td></td><td></td><td></td></tr>
<tr><td>2. 본인이나 동거 가족이 외출하는 데 어려움이 있다.

0) 어려움이 없다./ 해당사항 없음.
1) 불편하지만 외출이 가능하다.
2) 외부(자원)의 도움이 있으면 외출이 가능하다.
3) 이용할 만한 교통수단이 없어서 외출할 수 없다./ 도움이 있어도 외출이 어렵다.</td><td></td><td></td><td></td><td></td></tr>
<tr><td>여가생활
활용</td><td>3. 본인이나 동거 가족이 여가생활에 어려움이 있다.

0) 어려움이 없다./ 해당사항 없음.
1) 자원은 있으나, 정보 부족으로 여가를 즐기지 못하고 있다.
2) 자원이나 정보의 부족으로 여가를 즐기지 못하고 있다.
3) 즐겨하는 일이 전혀 없다.</td><td></td><td></td><td></td><td></td></tr>
<tr><td rowspan="2">가족
관계</td><td rowspan="2">관계
형성</td><td>1. 가족(동거 및 비동거 가족 포함)으로부터 도움을 받는 데 어려움이 있다.

0) 필요할 때 도움을 충분히 받을 수 있다./ 해당사항 없음.
1) 필요할 때 도움을 받고 있으나 충분하지 않다.
2) 필요할 때 도움을 요청할 가족은 있으나, 원만한 관계는 아니다.
3) 필요할 때 도움을 요청할 가족이 전혀 없다.
(연락하고 사는 가족이 전혀 없는 경우도 포함)</td><td></td><td></td><td></td><td></td></tr>
<tr><td>2. 가족(동거 및 비동거 가족포함)갈등으로 어려움이 있다.

0) 어려움이 없다./ 해당사항 없음.
1) 가족갈등이 있으나 가구원들의 일상생활 및 사회생활이 가능하다.
2) 가족갈등으로 인해 가구원들의 일상생활이나 사회생활에 일부 어려움이 있다.
3) 가족갈등으로 인해 가구원들의 일상생활이나 사회생활이 전혀 안 된다.</td><td></td><td></td><td></td><td></td></tr>
</table>

	가족 돌봄	3. 보호가 필요한 영유아, 아동, 노인, 장애인 등을 돌보는 데 어려움이 있다. 0) 돌볼 가구원이 없다./ 돌보는 데 어려움이 없다./ 해당사항 없음. 1) 돌볼 능력이 부족하나 의지가 있다. 2) 돌볼 능력이 부족하며, 지원체계가 충분하지 않다. 3) 돌볼 능력이 부족하며, 지원체계가 전혀 없다./ 돌볼 의지가 없다.				
사회적 관계	친인척 및 이웃 간 관계형성	1. 친구, 이웃, 지인이나 친인척으로부터 도움을 받는 데 어려움이 있다. 0) 필요할 때 도움을 충분히 받을 수 있다./ 해당사항 없음. 1) 필요할 때 도움을 받고 있으나 충분하지 않다. 2) 필요할 때 도움을 요청할 친구, 이웃, 지인이나 친인척은 있으나, 원만한 관계는 아니다. 3) 필요할 때 도움을 요청할 친구, 이웃, 지인이나 친인척이 전혀 없다(연락하고 사는 친구, 이웃, 지인이나 친인척이 전혀 없는 경우도 포함).				
	소속된 집단 및 사회생활	2. 직장동료, 소속된 단체나 기관으로부터 도움을 받는 데 어려움이 있다. 0) 필요할 때 도움을 충분히 받을 수 있다./ 해당사항 없음. 1) 필요할 때 도움을 받고 있으나 충분하지 않다. 2) 필요할 때 도움을 요청할 직장동료, 소속된 단체나 기관은 있으나, 원만한 관계는 아니다. 3) 필요할 때 도움을 요청할 직장동료, 소속된 단체나 기관이 전혀 없다.				
		3. 본인이나 동거 가족이 자기 방이나 집에서 나오지 않는다. 0) 일상생활 및 사회생활 유지에 어려움이 없다./ 해당사항 없음. 1) 방이나 집에서 거의 나오지 않으나, 기본적인 생활이 가능하고 소수의 타인(가족 포함)과 관계를 유지하고 있다. 2) 방이나 집에서 거의 나오지 않은 채 기본적인 생활은 하지만, 다른 사람(가족 포함)과 접촉이 없다. 3) 방이나 집에서 거의 나오지 않은 채 기본적인 생활이 어렵거나 다른 사람(가족 포함)과 접촉이 없다.				
		4. 타인에게 피해를 주는 언행으로 이웃과 갈등을 유발하고 있다. 0) 유발하고 있지 않다./ 해당사항 없음. 1) 유발하고 있으나 조정이 가능하다. 3) 유발하고 있다.				

<table>
<tr>
<td rowspan="3">경제</td>
<td>기초
생활
해결</td>
<td>1. 돈이 없어서 어려움을 겪고 있다.

① 돈이 없어 식사를 못하고 있거나 식료품 구입이 어렵다.
② 공교육비를 기한 내 납부하지 못하고 있다.
③ 계절에 맞는 의복과 신발을 구입하지 못하고 있다.
④ 치료비가 없어서 본인이나 가족이 병원을 못 가고 있다.
⑤ 집세가 3개월 이상 밀려있다.
⑥ 안정적으로 살 수 있는 집이 없다(퇴거위험, 노숙, 비닐하우스, 쪽방, 고시원, 여관/ 여인숙, 찜질방, 쉼터 등).
⑦ 난방장치가 없거나, 난방비 때문에 추운 겨울에 난방을 사용하지 못하고 있다.
⑧ 공과금(사회보험료, 전화요금, 가스요금, 수도요금, 전기요금, 관리비 중 하나 이상)이 밀려있다.
⑨ 공과금 연체로 사회보험급여 자격정지, 전화중단, 가스차단, 단수, 단전 중 하나 이상의 상태에 있다.

0) 해당사항이 0개인 경우
1) 해당사항이 1개인 경우
2) 해당사항이 2~3개인 경우
3) 해당사항이 4개 이상인 경우/ 1, 4, 5, 6, 9번에 하나라도 해당하는 경우</td>
<td></td><td></td><td></td><td></td>
</tr>
<tr>
<td rowspan="2">자산
관리</td>
<td>2. 금전관리에 어려움이 있다.

0) 어려움이 없다./ 해당사항 없음.
1) 도움이 있을 경우 금전관리가 가능하다.
2) 수입보다 지출이 더 많다.
3) 금전관리 자체가 어렵다(개인 역량부족, 건강, 장애, 기타 사유).</td>
<td></td><td></td><td></td><td></td>
</tr>
<tr>
<td>3. 빚과 관련된 문제를 해결하는 데 어려움이 있다.

0) 어려움이 없다./ 해당사항 없음.
1) 빚은 있으나 갚아 나가고 있다.
2) 빚을 갚을 능력이 없거나, 빚 갚을 능력이 없으면서 계속해서 빚을 내고 있다.
3) 빚 갚을 능력이 없으며 지속적으로 채무 독촉을 받고 있다.</td>
<td></td><td></td><td></td><td></td>
</tr>
</table>

교육	기초학습 습득 및 향상	1. 본인이나 자녀가 일상생활 및 사회생활 유지를 위해 필요한 기본 능력이 부족하다. ① 듣기 ② 읽기 ③ 쓰기 ④ 말하기 ⑤ 다른 사람의 말 이해하기 ⑥ 신문, 글 등을 이해하기 ⑦ 간단한 계산하기 0) 해당사항이 0개인 경우/ 현재 도움을 받아서 원활하게 수행하고 있는 경우/ 해당사항 없음. 1) 해당사항이 1개인 경우(도움이 필요한 경우) 2) 해당사항이 2개인 경우(도움이 필요한 경우) 3) 해당사항이 3개 이상인 경우(도움이 필요한 경우)				
	교육 개선	2. 본인(고등학생 이하)이나 자녀(고등학생 이하)가 학교생활에 어려움이 있다. 0) 어려움이 없다./ 해당사항 없음. 1) 등교는 하지만 학교생활에 어려움을 표현하고 있다. 2) 등교는 하지만 학교규칙 및 생활규정을 위반(무단이탈, 무단지각, 무단조퇴)하거나 징계(정학, 사회봉사 등)를 받고 있다. 3) 등교는 하지만 다른 학생으로부터 따돌림을 받고 있거나, 다른 학생에게 해를 입히고 있다./ 무단으로 결석하고 있다.				
		3. 본인(고등학생 이하)이나 자녀(고등학생 이하)의 학업유지에 어려움이 있다. 0) 어려움이 없다./ 해당사항 없음. 1) 장애 등으로 특수교육을 받아야 하지만 그러지 못하고 있다(거리, 비용 등의 이유). 2) 상급학교에 진학하거나(검정고시 포함) 특기를 개발하거나 학업을 유지하려는 데 자원이 부족하다. 3) 학업을 유지하려는 의지나 대안이 없다./ 현재 의무교육을 받고 있지 않다.				
고용	취(창)업	1. 본인이나 동거 가족이 구직에 어려움이 있다. 0) 어려움이 없다./ 해당사항 없음. 1) 근로능력은 부족하나 일할 의지가 있다. 2) 근로능력은 있으나 가족돌봄, 자녀양육, 일자리 발굴 등으로 일하기 어렵다. 3) 근로능력도 부족하고 가족돌봄, 자녀양육, 일자리 발굴 등으로 일하기 어렵다./ 일할 의지가 없다.				
	고용 유지	2. 본인이나 동거 가족이 직장생활을 유지하는 데 어려움이 있다. 0) 어려움이 없다./ 해당사항 없음. 1) 근무조건이 맞지 않아 직장생활을 유지하는 데 어려움이 있다. 2) 개인적인 방해요소로 직장생활을 유지하는 데 어려움이 있다. 3) 언제든지 정리 해고될 수 있다.				

<table>
<tr><td rowspan="4">생활
환경</td><td rowspan="3">주거 내부
환경
개선과
안전</td><td>1. 본인이나 가족의 안전과 건강에 해를 끼칠 정도로 거주하는 집의 생활환경이 열악하다.

① 화장실 ② 주방시설 ③ 도배장판 ④ 전기시설 ⑤ 가스시설 ⑥ 상하수도시설 ⑦ 냉난방시설 ⑧ 위생상태(곰팡이, 찌든 때, 방역불량, 배설물처리 불량, 쓰레기 등) ⑨ 창호/ 문짝 ⑩ 주변 환경 ⑪ 채광

0) 어려움이 없다./ 해당사항 없음.
1) 해당사항이 1개인 경우
2) 해당사항이 2개인 경우
3) 해당사항이 3개 이상인 경우</td><td></td><td></td><td></td><td></td></tr>
<tr><td>2. 거주하는 집에 안전상의 문제로 어려움을 겪고 있다.

① 히터나 전기장판 과열 ② 전기선 누출 ③ 누수 ④ 가스누출 ⑤ 베란다 안전장치 미비 ⑥ 방범장치 미비 ⑦ 침수 ⑧ 붕괴위험 ⑨ 그 외 기타

0) 어려움이 없다./ 해당사항 없음.
1) 어려움이 있으나 임시방편을 마련하였다.
2) 어려움이 있으나 대책을 마련 중에 있다.
3) 어려움이 있으나 대책 마련을 못하고 있다.</td><td></td><td></td><td></td><td></td></tr>
<tr><td>3. 거주하는 집에서 신체활동상에 어려움이 있다.

① 공간부족(휠체어 이동공간 부족) ② 문턱 ③ 안전바 미설치 ④ 싱크, 찬장, 가구 등 높낮이 미조절 ⑤ 욕실 미개조 ⑥ 램프 미설치

0) 어려움이 없다./ 해당사항 없음.
1) 해당사항이 1개인 경우
2) 해당사항이 2개인 경우
3) 해당사항이 3개 이상인 경우</td><td></td><td></td><td></td><td></td></tr>
<tr><td>주거 내
외부 환경
개선과
지역사회</td><td>4. 주거 내외부 환경 때문에 이웃과 갈등을 유발하고 있다.

0) 유발하고 있지 않다./ 해당사항 없음.
1) 유발하고 있으나 조정이 가능하다.
3) 유발하고 있다.</td><td></td><td></td><td></td><td></td></tr>
</table>

<table>
<tr><td rowspan="2">법률 및 권익 보장</td><td>법률적 지원</td><td>1. 본인이나 동거 가족이 법적 문제로 어려움을 겪고 있다.

0) 어려움이 없다./ 해당사항 없음.
1) 어려움이 있으나 일상생활 및 사회생활이 가능하다.
2) 법적 문제로 일상생활이나 사회생활에 일부 어려움이 있다.
3) 법적 문제로 일상생활이나 사회생활이 전혀 안 된다.</td><td></td><td></td><td></td><td></td></tr>
<tr><td>권익 보장</td><td>2. 차별대우나 불이익을 받고 있다.

0) 차별대우나 불이익을 받고 있지 않다./ 해당사항 없음.
1) 차별대우나 불이익을 받고 있지만, 옹호을 위한 지원체계가 있다.
2) 차별대우나 불이익을 받고 있으며, 옹호을 위한 지원체계가 충분하지 않다.
3) 차별대우나 불이익을 받고 있으며, 옹호를 위한 지원체계가 전혀 없다.</td><td></td><td></td><td></td><td></td></tr>
</table>

<table>
<tr><td>◇ 사정자가 판단한 위기도 : 총 점</td><td></td><td>대상자 구분</td><td></td></tr>
<tr><td colspan="4">◇ 종합의견</td></tr>
</table>

(3) 가계도

일반적으로 가계도는 3대에 걸친 클라이언트의 가족구조를 한눈에 파악할 수 있도록 고안된 사정도구로 알려져 있다. 가계도를 통한 사정은 대부분의 사회복지사가 잘 수행하고 있는 노력 중 1가지이다. 주의해야 할 점은 클라이언트와 가족과 함께 그려야 하며 어려울 경우에는 그들이 확인하도록 하는 작업이 필수적이다. 다양한 부호를 정확하게 사용하여 가계도가 많은 정보를 담아낼 수 있도록 작업하는 것이 중요하다. 또한 가계도를 통해 클라이언트와 가족이 통찰력을 발휘하여 필요한 욕구를 발견할 수 있도록 돕는 전문적 노력을 기울여야 한다.

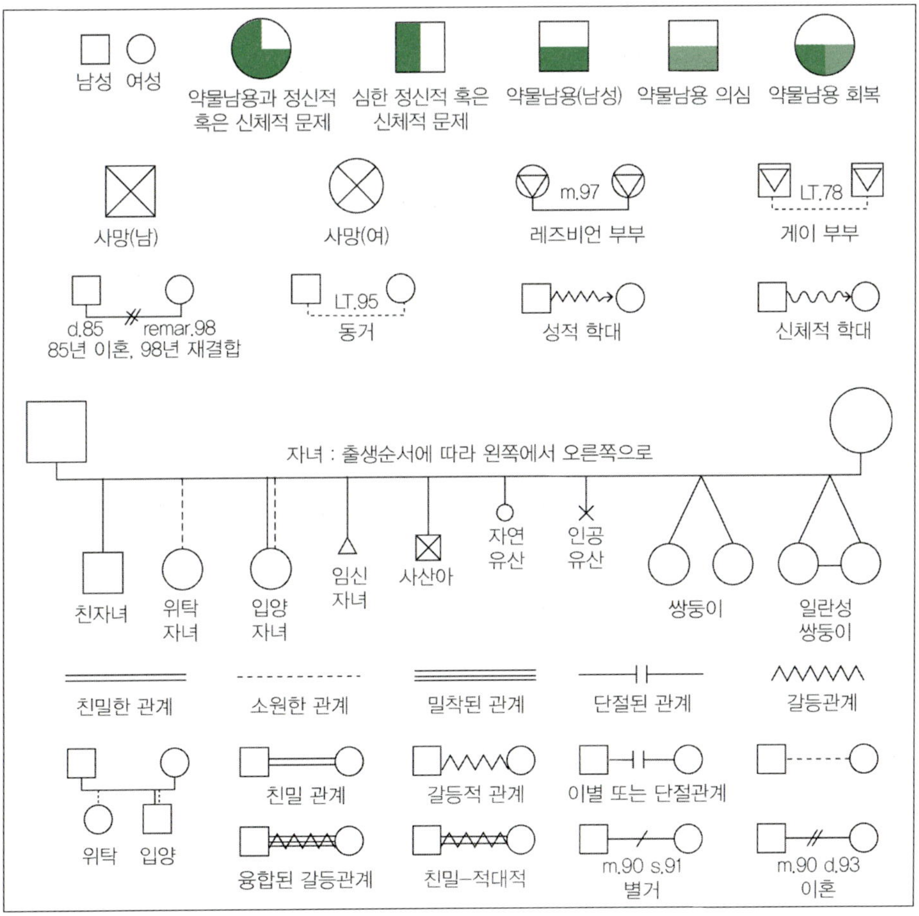

출처 : 사회복지교육연구센터(2013).

2) 자원 및 강점사정

대부분의 클라이언트는 자신의 문제와 욕구해결을 위한 자원에 대한 정보와 접근성이 낮은 경우가 많다. 따라서 사례관리 개입과정에서 클라이언트의 욕구충족을 위해 사례관리자는 자원연계 및 조정에 집중한다. 결과적으로 사례관리를 통한 개입효과는 개입 전과 비교하여 개입 후 클라이언트가 이용할 수 있는 지역사회 자원의 양과 수준이 확대된다는 것이다.

사례관리에서 자원이란 클라이언트의 목표달성을 위해 필요로 하는 수단을 총체적으로 이르는 말로 문제해결을 위한 답이라고 할 수 있다. 또한 클라이언트가 직면하거나 직면할 수 있는 것들에 대한 완충 작용을 하는 보호와 예방 기능을 할 수 있다.

사례관리자는 정확한 자원 사정을 통해 클라이언트의 문제해결을 위해 새롭게 제공되어야 하는 자원과 이미 가지고 있는 자원 중 활용되어야 하는 자원이 무엇인지를 구분해야 한다. 실제로 철저한 사정이 이루어지지 않을 경우 이중적 도움이 제공되거나 클라이언트나 가족의 능력을 과소평가하거나 의존심을 부추기는 결과를 초래한다. 자원사정을 위한 도구로는 생태도와 사회적 지지망 그리드를 활용한다.

(1) 강점사정

강점사정은 개인이 가지고 있는 성격이나 태도, 신체적 활동능력, 특별한 지식 및 기술 등 클라이언트의 강점 및 능력을 사정하는 것이다. 현장에서 복합적인 문제와 어려움으로 취약하고 무기력해진 클라이언트를 마주하다 보면 이들의 강점을 발견하기 어렵다는 생각을 할 수 있다. 그러나 강점 관점 모델의 기본 원칙인 모든 개인, 가족, 지역사회에 강점이 존재함으로써 강점은 '발견'하는 것인 점을 고려할 때, 클라이언트 강점에 대한 믿음과 발견하려는 세심한 노력이 중요하다. 개인 내적 자원은 진단 도구를 사용하여 사정해도 되고, 면접을 통해서도 개인 자원을 사정하기도 한다. 또한 사정된 강점을 개입 계획에 반영하여 문제해결과정에서 실제적으로 강점이 활용되도록 해야 한다.

〈표 8-5〉 **강점사정의 가이드라인**

- 클라이언트 상황에 대해서는 클라이언트 중심의 이해를 해야 한다.
- 클라이언트를 신뢰한다.
- 클라이언트가 원하는 것이 무엇인지 발견한다.
- 클라이언트를 둘러싼 환경의 문제보다 강점을 사정한다.
- 다차원적으로 강점을 사정한다.
- 클라이언트의 독특함을 발견하는 데 사정틀을 사용한다.
- 클라이언트의 언어를 사용한다.
- 사정을 사례관리자와 클라이언트의 공동 작업으로 진행한다.
- 사정의 내용에 대해서는 합의에 이르도록 한다.
- 비난하지 말아야 한다.
- 인과적 사고를 지양한다.
- 진단하지 말고 사정한다.

출처 : Saleeby(1996), pp. 296-305.

(2) 자원사정

자원유형은 크게 내적 자원, 외적 자원으로 구분된다. 내적 자원은 클라이언트와 그 가족이 지닌 강점과 자원을 의미한다. 외적 자원은 제공 주체의 성격, 클라이언트와 가족 외부에 존재하는 자원에 따라 공식적 자원과 비공식적 자원으로 구분된다.

〈표 8-6〉 **자원의 유형**

내적 자원		외적 자원		
개인	가족	공식적 자원		비공식적 자원
		공공기관 (예 공적급여)	민간기관 (예 사회복지서비스)	(예 친척, 이웃, 친구, 자원봉사자)

사례관리자는 자원사정을 효과적으로 하기 위해서는 자원 전문가가 되어야 하며, 사회복지정책이나 제도 등에 대한 정보 및 민감성을 갖추고 있어야 한다. 그러나 자원과 관련하여, 사례관리자 개인이 지역사회 자원에 대한 최신의 정보를 갖는 것만으로는 부족하며, 지역사회 내 자원이 부족한 경우들이 많기 때문에 다양한 자원개발을 위한 지속적인 노력이 요구된다. 즉, 자원목록표 활용, 자원개발을 위한 열린 시각과 태도, 다학제 전문가들과의 연계와 협력, 기관 간 네트워크 구축 등이 필요하다.

(3) 자원사정도구

볼류와 밍크(Ballew & Mink)는 자원사정 시 사례관리자의 역할은 클라이언트의 전반적인 상황, 자원과 기회를 정확하게 식별하고 클라이언트가 자원과 연결될 수 있도록 관계를 형성하게 하는 것이라 했다. 자원사정도구에서 활용할 수 있는 핵심 도구는 생태도라 할 수 있다. 또한 사회적 지지망 그리드를 활용하는 경우도 있다.

① 생태도

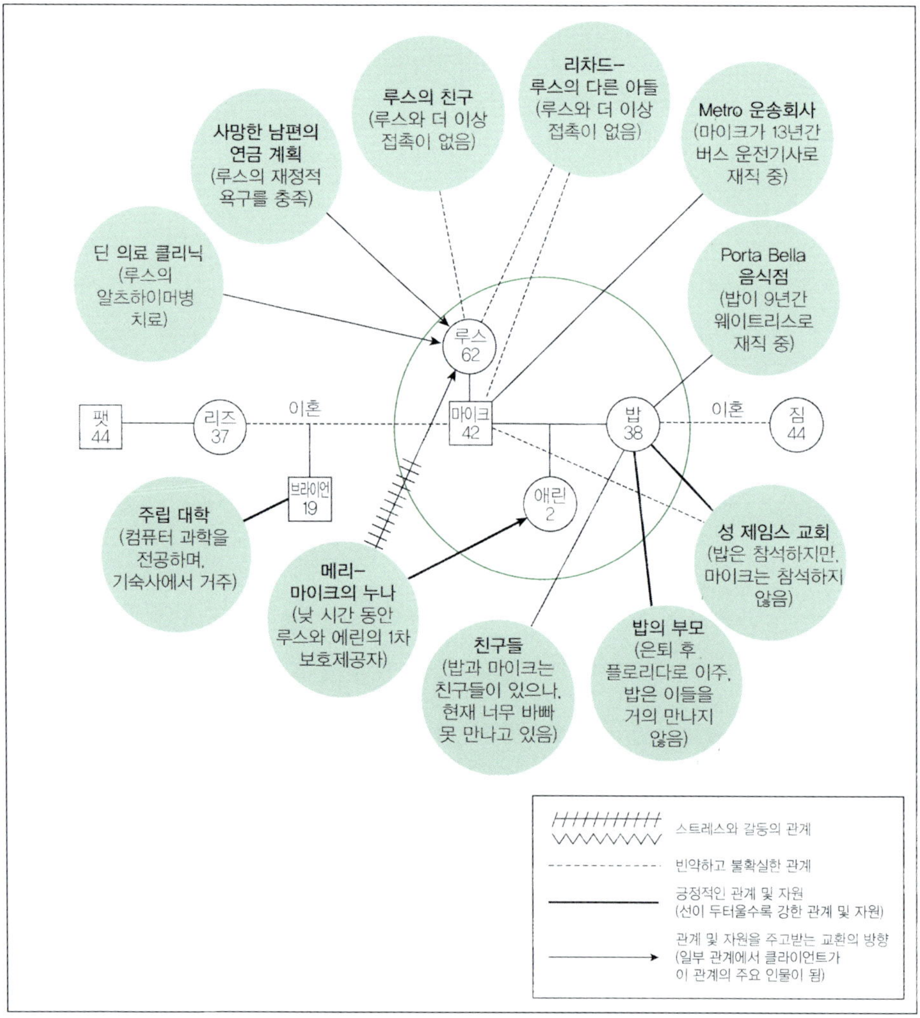

출처 : 사회복지교육연구센터(2013).

생태도는 일반적으로 지난 3개월을 기준으로 클라이언트나 가족을 중심으로 어떻게 환경체계들과 네트워크가 이루어지고 있는지를 확인하는 사정도구이다.

② 사회적 지지망 그리드

사회적 지지망 그리드는 사회망과 더불어 트레이시와 위태커(Tracy & Wittacker, 1990)에 의해 개발되었다. 특히 재활과정에 있는 정신장애인, 사회적 지지체계가 약한 클라이언트와 가족 등을 위한 중요한 자원사정도구, 치료적 개입을 위한 도구로 활용될 수 있다.

사회적 관계망표

- 클라이언트 이름 : 이OO
- 작성일자 : 2023년 3월 5일

사회적 관계망에서 중요한 인물 (지지 제공자)	생활영역	물질적 지지	정서적 지지	정보적 지지 (조언 등)	비판	원조방향	친밀감	접촉빈도	알고 지낸 기간
	① 동거 가족 ② 다른 가족 ③ 직장/학교 ④ 조직 ⑤ 친구 ⑥ 이웃 ⑦ 전문가 ⑧ 기타	① 거의 없다 ② 가끔 ③ 자주	① 거의 없다 ② 가끔 ③ 자주	① 거의 없다 ② 가끔 ③ 자주	① 거의 없다 ② 가끔 ③ 자주	① 양방향 ② 그들에게만 ③ 그들이 당신에게만	① 거의 친하지 않음 ② 가까운 정도 ③ 매우 친함	① 1년에 서너 번 ② 한 달에 서너 번 ③ 매주 ④ 매일	① 1년 이하 ② 1년에서 5년 사이 ③ 5년 이상
김O진	③	②	②	③	③	③	③	③	②
이O원	⑤	②	②	②	②	②	②	②	②
임O영	⑦	②	②	②	②	②	②	②	②
할머니	①	②	②	②	②	②	②	②	②
옆집 아줌마	⑥	②	②	②	②	②	②	②	①
아버지	②	①	①	①	①	②	①	①	③

출처 : Tracy & Wittacker(1990).

3) 장애물사정

장애물은 내부, 외부 장애물이 있으며, 클라이언트 문제해결과정에 방해가 되는 것을 총칭한다. 장애물은 사례관리자가 클라이언트를 온전히 이해하고 돕는 데 방해가 되며, 클라이언트에게는 실천계획을 통해 얻을 수 있는 혜택들을 갖지 못하게 방해된다.

볼류와 밍크(Ballew & Mink, 1996)는 클라이언트가 보일 수 있는 보편적인 내부 장애물로 비관주의, 비판주의, 운명주의, 냉소주의를 말하였다. 이 외에 문제해결에 방해가 되는 요소가 클라이언트 내부가 아닌 외부에 있는 경우를 외부 장애물이라 한다.

〈표 8-7〉 내부 장애물 유형

유형구분	범 주	경험내용
비관주의	인생경험	끊임없이 좌절을 경험했으며, 중요한 사람으로부터 기본적으로 사랑스러운 존재가 아니라는 메시지를 받아왔다. 아동기 학대의 가능성이 크다.
	결론	얼마나/ 어떻게 하든지 항상 잘못되어 있다.
	감정상태	침체, 무관심, 비관적, 하찮음
	행동상태	무기력, 후퇴, 퇴행
비판주의	인생경험	비관론자와 비슷하다.
	결론	항상 불공평한 대접을 받아왔으며, 이 이상 더 그런 대우를 받을 필요가 없다.
	감정상태	분노, 실패감
	행동상태	비판적, 공격적, 트집잡기
운명주의	인생경험	유년기에 불안한 삶, 즉 좋은 경험과 나쁜 경험을 다 가지고 있지만 근저는 두려움이 있다.
	결론	인생은 혼란스럽다. 그리고 예측 불가능하다.
	감정상태	걱정
	행동상태	충동적, 무질서, 계속되는 위기감
냉소주의	인생경험	배신을 통한 실망경험
	결론	나를 이용할 것이다. 나만 자급자족할 것이다.
	감정상태	외로움
	행동상태	절제, 지나친 독립심, 거리감, 거부

외부 장애물에는 자원 이용을 위한 교통편 부족, 지방자치단체의 예산 부족, 사회적 편견 등이 있다.

사례관리자는 장애물이 확인되면 장애물을 극복하기 위해 전략을 수립해야 한다. 예를 들어, 클라이언트가 중학생인 사례에서 합의된 욕구와 실행계획으로 각각 '성적향상과 매일 2시간씩 도서관에서 스스로 학습하기'를 선정했다고 가정해 보자. 이 경우 장애물로 클라이언트의 의지부족이 사정되었다면, 장애물 극복을 위해 부모님과 사례관리자가 매일 지지해 주기를 전략으로 세울 수 있다.

4) 사정 시 유의사항

사정은 클라이언트에게 새로운 욕구가 발생하거나, 긴급한 상황이 발생하는 경우, 재사정이 요구되는 등 이 단계에 국한하지 않고 사례관리과정 중에 반복적이고 지속적으로 일어날 수 있는 과정으로 다음의 유의사항이 필요하다.

첫째, 클라이언트뿐만 아니라 가족의 욕구도 함께 사정할 수 있다. 예를 들어, 아동이 있는 가정의 경우, 보호자인 부모나 조부모의 빈곤, 정신건강, 장애 등의 문제가 아동의 발달에 직접적 영향을 미칠 수 있다. 따라서 이 경우 보호자의 미충족된 욕구 또는 문제도 포함하여 사정해야 한다.

둘째, 사정 시 사례관리자는 이론적 근거를 활용하여 판단하여야 한다. 사례관리자는 사정과정을 통해 개입방향을 결정하게 되는데 이론적 지식에 근거하여 판단하여야 한다. 예를 들어, 클라이언트가 원하는 변화와 이미 일어나고 있는 변화에 초점을 맞추어 개입방향을 결정할 경우, 사례관리자는 해결중심 강점 관점 모델에 기초하여 사정하고 개입방향을 설정한다.

셋째, 사례관리 대상자로 접수된 후 10일 이내에 욕구 및 위기도 조사와 같은 사정을 마쳐야 한다. 그리고 이후 5일 이내에 사례회의를 거쳐 대상자 구분 및 선정을 하고, 대상자로 선정되면 20일 이내에 서비스 제공계획을 수립하여 통보하도록 하고 있다. 그러나 사례관리기관의 사례관리 지침 또는 매뉴얼에 따라 상이할 수도 있다.

넷째, 사례관리 사정은 사례관리 대상자의 구분에 따라 주기를 가지고 재사정을 실시한다. 단, 클라이언트 또는 환경의 새로운 요구가 있을 경우에는 수시로 재사정을 실시하여야 한다.

다섯째, 사례에 대한 사정은 사례회의를 통해 이루어진다. 사례회의에서 클라이언트에 대한 종합적인 사정 내용을 토대로 개입방향과 서비스 내용을 결정하게 된다. 사례회의는 다양한 분야의 전문가가 참석하여 학제간 사정을 하는 것이 바람직하다.

3. 사정 단계 실습

1) 사정기록지 양식

사정기록지

이용자번호		성 명		사례관리자	
일 시		유 형	□ 신규 □ 재사정	정보제공자	

① 1. 인적사항					
성 명		성 별	□남 □여	생년월일	
주 소				연락처	

세대유형		□1인가구세대 □노인세대 □조손세대 □한부모세대 □장애인세대 □부모자녀세대 □기타( )
대상분류	보호 구분	□수급자 (□생계급여 □의료급여 □주거급여 □교육급여) □조건부수급자
		□차상위계층 (□한무보 □차상위계층 □자활 □본인부담경감 □장애인)
		□일반 및 기타( )
주거상황	주거형태	□일반주택(지상/ 지하) □다세대주택 □아파트 □기타( )
	소유형태	□자가 □전세(만원) □월세(보증금 만원, 월세 만원) □무료임대 □공공임대(보증금 : 만원, 월세 : 만원) □기타( )
	특이사항:	
경제상황	월 수입	□근로소득(만원) □연금/ 수당(만원) □후원금(만원) □공공급여(생계급여 : 만원, 주거급여 : 만원) □기타(만원) 총 수입 : 원
	월 지출	□주거비(만원) □주부식비(만원) □의료비(만원) □통신비(만원) □교통비(만원) □기타(만원) 총 지출 : 원
	부채	□유(만원, 부채경위 :) □무
	특이사항:	

② 2. 사례개요
1) 개인력
2) 가족력
3) 사회심리적 상황
4) 강점

③ 3. 가계도 및 생태도	
가계도	생태도

④ 4. 욕구 및 자원사정						
구분	④-1. 영역	④-2. 제시된 욕구	④-3. 이용가능한 자원(강점)	④-4. 내외적 장애물	④-5. 우선 순위	④-6. 욕구 수준
안전	□ 가족 내 안전유지 □ 가족 외부로부터 보호 □ 기타					
건강	□ 신체적 건강 유지 □ 정신적 건강 유지 □ 기타					
일상생활 유지	□ 의식주 관련 일상생활 유지 □ 여가생활 활용 □ 기타					
가족관계	□ 관계형성 □ 가족돌봄 □ 기타					
경제	□ 기초생활 해결 □ 자산관리 □ 기타					
교육	□ 기초지식 습득 및 향상 □ 교육개선 □ 기타					
직업	□ 취(창)업 □ 기타					
생활환경	□ 주거 내부환경 개선 □ 주거 외부환경 개선 □ 기타					
법률 및 인권보장	□ 법률적 지원 □ 차별개선, 권익보장					
기타	□ (　　　　　)					

④-7. 척도를 이용한 사정	척도종류	결과

⑤ 5. 사례관리자 의견	
⑥ 강점 활용 방안	
⑦ 사례관리 수준판정	□ 사례관리 진행　　　　□서비스 단순 이용

2) 사정기록지 작성방법

<table>
<tr><th>분류</th><th>세부내용</th></tr>
<tr><td>① 인적사항</td><td>인테이크 기록지에 작성되어 있는 사항, 성명, 주소, 세대유형, 대상분류, 주거사항, 경제상황 등을 사정기록지에 가지고 와서 작성한다.</td></tr>
<tr><td>② 사례개요</td><td>클라이언트의 개인력, 가족력, 사회심리적 상황, 강점 등 전반적인 부분을 작성한다.</td></tr>
<tr><td>③ 가계도 및 생태도</td><td>클라이언트의 가족 및 주변 관계에 대해 확인하며 공식, 비공식 관계망을 확인하고 작성한다.</td></tr>
<tr><td>④-1. 영역</td><td>욕구 특성에 따라 구분된 영역에 따라 작성한다.
<table>
<tr><th>영역</th><th>내용</th><th>서비스 예시</th></tr>
<tr><td>기본생활</td><td>기본적인 의식주, 일상생활 관련된 욕구</td><td>식사·반찬 지원, 생필품 지원, 가사도움 인력파견, 주거환경개선, 긴급생계비 지원, 이동 지원 등</td></tr>
<tr><td>교육·발달</td><td>교육·문화적 경험과 인지·발달을 위한 적절한 지식습득과 관련된 욕구</td><td>학습지도 지원, 학습기자재 지원, 특기교육 지원, 문화활동, 동아리활동 캠프 등</td></tr>
<tr><td>심리정서</td><td>심리·정서적 지원(적응, 행동 등)의 욕구</td><td>심리검사, 집단상담, 미술/ 음악/ 놀이치료 등</td></tr>
<tr><td>건강</td><td>신체적·정신적 장애, 질병 등과 같은 건강관리와 관련된 욕구</td><td>보장구 지원, 재활·치료 프로그램, 질병검진 지원 등</td></tr>
<tr><td>안전</td><td>신체, 정서적 폭력, 방임 등 안전과 보호에 관련된 욕구</td><td>긴급일시보호, 방과후 보호, 간병보호 등</td></tr>
<tr><td>경제</td><td>일상생활을 위한 경제상황과 관련된 욕구</td><td>후원금품 연계, 신용회복 지원, 취·창업 지원 등</td></tr>
<tr><td>가족관계</td><td>가족 구성원 간의 관계, 역할, 기능에 관련된 욕구</td><td>가족문화활동 지원, 부모교육 등</td></tr>
<tr><td>사회적관계</td><td>가족 이외의 공식적, 비공식적, 사회적 관계망과 관련된 욕구</td><td>자조모임활동 지원 등</td></tr>
</table></td></tr>
<tr><td>④-2. 제시된 욕구</td><td>클라이언트, 가족, 의뢰자 등 관련된 사람들이 해결하고 싶어 하는 욕구를 영역별로 구분하여 기록한다. 클라이언트가 진술한 내용을 해석하거나 전문적으로 바꾸어 표현하는 것은 왜곡의 우려가 있으므로 가능한 클라이언트가 이야기한 그대로 표현하는 것이 좋다.</td></tr>
<tr><td rowspan="2">④-3. 이용 가능한 자원(강점)</td><td>제시된 욕구해결을 위해 비공식적·공식적 자원을 모두 탐색하고 기록한다. 자원을 탐색할 때 클라이언트 개인적 자원, 가족자원, 확대가족 및 이웃 등의 자연적 자원, 비공식적·공식적 자원을 포괄적으로 고려한다.</td></tr>
<tr><td>제시된 욕구와 관련된 강점을 작성한다.</td></tr>
</table>

<table>
<tr><td>④-4. 내/ 외적 장애물</td><td>내부 장애물 : 클라이언트가 변화하는 데 걸림돌이 되는 것으로 경제적인 사항, 끈기 부족 등이 해당된다.
외부 장애물 : 욕구를 해결하는 데 있어 고갈된 자원, 자원 이용에 대한 무능력, 부적절한 자원, 이차적으로 필요한 자원 등이 해당된다.</td></tr>
<tr><td>④-5. 우선순위</td><td>클라이언트와 합의하에 욕구에 대한 우선순위를 결정하여 작성한다.</td></tr>
<tr><td>④-6. 욕구수준</td><td>척도질문을 사용하여 제시된 욕구별 기초선을 확인하여 작성한다.
진행상황을 점검하거나 평가할 때 같은 욕구에 대한 척도질문을 반복하면서 변화 정도를 확인하고 이 또한 기록으로 남긴다.
가능하면 척도질문 값의 의미를 구체적으로 질문하여 클라이언트가 변화 내용, 변화를 가능하게 한 방법 등을 스스로 확인하고 인식할 수 있도록 돕고 그 내용 또한 기록한다.

실천 TIP
• 척도질문 사용하기
- 척도질문은 클라이언트가 아직 명확하게 생각하지 못했던 자신의 욕구는 물론, 현재 상황과 앞으로 도달하고자 하는 목표를 보다 구체화할 수 있도록 돕는 유용한 방법 중 하나이다. 척도질문은 사정과정뿐 아니라 사례관리 전 과정을 통해 점검과 평가의 도구가 될 수 있다는 점에서 유용성이 높다.
• 척도질문 예
- 문제가 해결된 상태를 10점, 가장 좋지 않은 상태를 1점이라고 한다면 지금은 몇 점인가요? 그런 점수를 주신 이유는 무엇인가요?
- 현재보다 1점 올라가려면 지금보다 무엇이 달라야 하나요? 어떤 일을 하면 그렇게 될까요?
- 지난주와 비교해 보면 이번 주는 몇 점인가요? 점수가 올라간/ 내려간 이유는 무엇인가요?</td></tr>
<tr><td>④-7. 척도를 이용한 사정</td><td>여기에서 척도란 표준화된 사정도구를 의미한다. 척도를 이용한 사정은 필요한 경우에만 선택적으로 사용하며, 그 결과를 기록하고 근거자료를 첨부하도록 한다.
예 ADL 평가척도, 가족강점척도, 임파워먼트척도 등</td></tr>
<tr><td>⑤ 사례관리자 의견</td><td>클라이언트의 진술과 조사된 객관적 정보를 중심으로 사례관리자 의견을 작성한다. 사례관리자 의견은 사례관리 대상자 적합 여부를 판정하기 위한 사정자료가 된다.</td></tr>
<tr><td>⑥ 강점 활용 방안</td><td>욕구와 관련된 강점, 그밖에 파악된 강점 등은 사례관리과정에 어떻게 적용해 나갈 것인지 구체적으로 정리하고 작성한다.
강점을 별도로 기록하는 것은 클라이언트의 강점을 욕구해결 과정에 충분히 적용하기 위한 것이므로 가능한 한 구체적으로 정리하고 기록한다.</td></tr>
<tr><td>⑦ 사례관리 수준 판정</td><td>사정 결과 사례관리보다는 1~2영역에서 소수의 서비스를 단순 연계하는 수준에서 클라이언트 욕구를 해결할 수 있다고 판단하게 되면 '서비스 단순 이용'에 표기, 관련 부서나 기관으로 의뢰하는 것으로 마무리한다. 클라이언트와 충분한 논의를 거쳐 합의된 결과이어야 한다.</td></tr>
</table>

3) 사정기록지 작성 예시

사정기록지

이용자번호	2021-000100	성 명	김희망	사례관리자	이동행
일 시	2021.1.14.	유 형	■ 신규 □ 재사정	정보제공자	김희망

① 1. 인적사항

성 명	김희망	성 별	■남 □여	생년월일	1981. 12. 25.
주 소	경상북도 사랑시 당신구 사랑면			연락처	010-****-****
세대유형	□1인가구세대 □노인세대 □조손세대 □한부모세대 ■장애인세대 □부모자녀세대 □기타( )				
대상분류	보호구분	■수급자 (■생계급여 ■의료급여 ■주거급여 ■교육급여) □조건부수급자 □차상위계층 (□한부모 □차상위계층 □자활 □본임부담경감 □장애인) □일반 및 기타 ( )			
주거상황	주거형태	■일반주택(지상) □다세대주택 □아파트 □기타( )			
	소유형태	■자가 □전세(만원) □월세(보증금 만원, 월세 만원) □무료임대 □공공임대(보증금 : 만원, 월세 : 만원) □기타( )			
	특이사항 : 오래된 주택이기 때문에 보수가 필요한 부분이 많음. 집안 도배와 장판은 교체가 필요할 정도로 오랜 시간 보수를 하지 않음.				
경제상황	월 수입	□근로소득(만원) ■연금/ 수당(70만원) □후원금(만원) ■공공급여(생계급여 : 88만원, 주거급여 : 만원) □기타(만원) 총 수입 : 1,580,000원			
	월 지출	■주거비(20만원) ■주부식비(80만원) ■의료비(1만원) ■통신비(15만원) ■교통비(5만원) □기타(만원) 총 지출 : 1,210,000원			
	부 채	□유(만원, 부채경위 :) ■무			
	특이사항 : 지출과 관련된 부분은 후견인이 직접 관리하고 있으며 물품 구입 및 세금납부 등은 후견인이 직접 처리하고 있음.				

② 2. 사례개요

1) 개인력
- 경북 사랑시에 태어나 계속 생활하고 있음. 어렸을 적부터 집안 농사일을 도와 학교를 다니지 못해 학업수준이 매우 낮음.
- 20대 중반에 결혼하여 아들을 낳았으나 배우자(지적장애)가 가출하여 이혼 후 부모님과 함께 생활하며 자녀를 양육하고 있음.

〈일상생활 능력〉
- 독립적인 신변처리 및 일상생활은 가능하나 위생 및 청결에 대한 인식은 부족함.
- 청소기 사용, 바닥 청소, 설거지 등은 가능하지만 한글을 익히지 못해 가전기기 사용 등에 어려움이 있음. 현재 클라이언트의 모가 집안일을 맡고 있음.
- 대중교통 이용이 어려워 외출 시 자전거를 이용하고 있음. 과거에는 오토바이를 타고 다녔으나 안전상의 이유로 후견인이 오토바이를 처분하였음.
- 현재 보호작업장에서 근로하고 있음.

〈건강상태〉
- 최근 마을 주민들의 농사일을 도와주러 경운기를 운전하다 넘어져 어깨 수술을 한 이력이 있으며 허리 디스크로 OO대학병원 정형외과에서 통원치료하고 있음.

〈경제적 능력〉
• 생계급여와 장애인연금, 기초연금으로 클라이언트 세대가 생활하고 있음.
• 클라이언트를 포함한 가족 구성원 모두 수입과 지출관리에 어려움이 있어 후견인이 수행하고 있음.

2) 가족력

(1) 클라이언트 모. 박진심(84세/ 지적장애 의심)
 – 클라이언트와 함께 살며 집안일을 담당하고 있음.
 – 고령으로 건강상태가 좋지 않으며, 백내장으로 오른쪽 눈이 잘 보이지 않음.

(2) 클라이언트 아들. 김행운(16세/ 지적장애)
 – 지적장애(중증)로 현재 특수학교에 재학하고 있음. 평일에는 기숙사에서 생활하며 주말에만 집에서 생활하고 있음. 불안하고 산만한 성향이 있어 현재 OO병원에서 약을 처방받아 복용하고 있음.

3) 사회심리적 상황
• 최근 마을 주민들의 농사일 및 집안일 등을 자주 도와주다 건강상태가 나빠지면서 병원을 다니는 상황이 발생함.
• 마을 주민들은 하루 종일 일을 시키고 만 원 정도의 수고비를 줌. 클라이언트는 화폐에 대한 인식이 부족해 옳고 그름의 판단을 하지 못함. 후견인이 이러한 상황을 알고 마을 주민을 만나 노동착취라며 잘못된 부분을 얘기해도 오히려 마을 주민들은 적반하장으로 나오는 상황이라고 함.
• 클라이언트와 아들의 싸움이 잦아지며 작년 여름부터 아들이 클라이언트를 폭행하는 모습이 나타나고 있음. 현재 3차례 정도 발생하였으며 클라이언트는 심리적으로 불안하며 아들과 함께 있는 상황을 불편하고 힘들어하고 있음.

4) 강점
• 클라이언트는 평소 밝은 모습이고 사회성이 좋으며 사회연령은 높아 기본적인 일상생활 및 사회생활이 가능함.
• 부지런하며 어렸을 적부터 농사일 및 기계조작 등에 능숙하며 단순한 작업은 충분히 가능함.

③ 3. 가계도 및 생태도

가계도	생태도
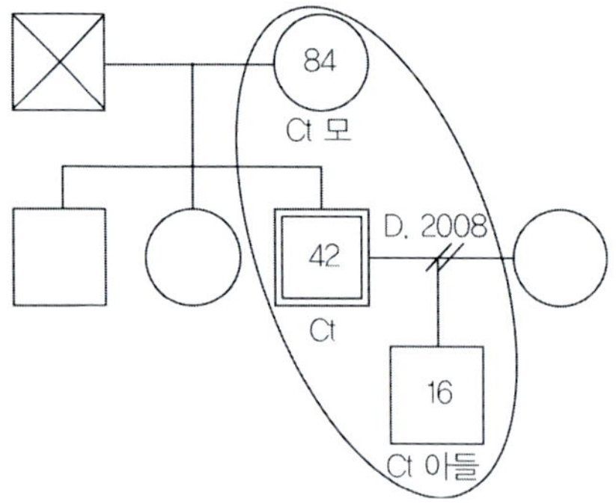	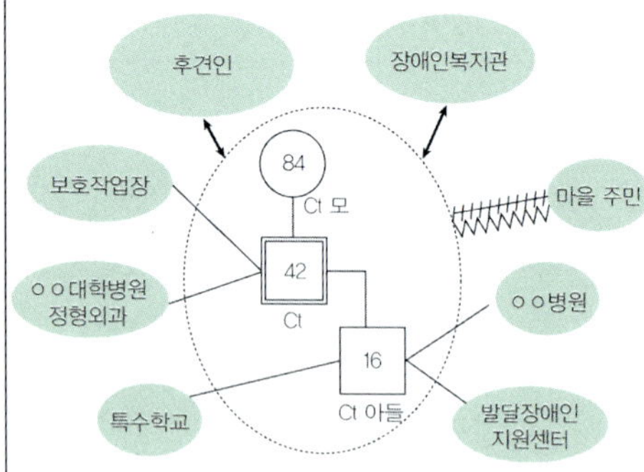

④ 4. 욕구 및 자원사정

구분	④-1. 영역	④-2. 제시된 욕구	④-3. 이용 가능한 자원(강점)	④-4. 내외적 장애물	④-5. 우선 순위	④-6. 욕구 수준
안전	■ 가족 내 안전 유지 □ 가족 외부로부터 보호 □ 기타	• 클라이언트의 자녀의 폭력성 • 클라이언트에 대한 직접적 가해, 심리적 불안감	• 지역사회 내 심리 치료 센터 활용 • 지역사회 내 클라이언트 임시보호시설, 공동생활 가정, 자립주택체험 등 활용 자원 다수	• 클라이언트의 자녀는 미성년으로 임시보호하는 시설 미비	-	7
건강	■ 신체적 건강 유지 ■ 정신적 건강 유지 □ 기타	• 마을 주민들의 무리한 요구로 농사일 등을 도와주다가 수술, 치료를 받고 있는 상황	• 지역사회 내 연계된 병원 활용	• 많은 이동거리 소요(왕복 1시간) • 대중교통 이용 불가	-	5
일상생활 유지	■ 의식주 관련 일상생활 유지 □ 여가생활 활용 □ 기타	• 한글을 읽지 못해 가전기기 사용 어려움	• 학습 기능은 낮지만 사회연령이 높음	• 주거환경 열악 • 의식주 관련 편의시설 미비	-	6
가족관계	■ 관계형성 ■ 가족돌봄 □ 기타	• **"아들이랑 같이 있는게 싫고 힘들어요. 어머니 돌아가시면 혼자 살고 싶어요"**	• 가족에 대한 애정이 있으며 가장으로서의 책임감과 문제를 해결해보려고 하는 의지가 높음	• 클라이언트 자녀의 폭력성 증대 • 클라이언트 모의 고령화	1	10
경제	□ 기초생활 해결 ■ 자산관리 □ 기타	• 클라이언트를 포함한 가족 구성원 모두 수입과 지출관리의 어려움	• 공공후견인 선임 • 클라이언트 근로능력 보유 • 관내 전문직업 평가센터 보유	• 수적 계산, 화폐의 개념 등 경제관념 부족	-	4
교육	■ 기초지식 습득 및 향상 □ 교육개선 □ 기타	• 농촌지역에서 오랫동안 거주하여 전반적 교육과정 미수료	• 지역사회 내 장애인평생교육원 활용 • 관내 프로그램 연계	• 많은 이동거리 소요(왕복1시간) • 근로로 인한 낮시간 참여 불가	-	3
직업	■ 취(창)업 □ 기타	• **"계속해서 일을 하고 싶어요"**	• 관내 전문직업 평가센터 보유 • 관내 직업지원 팀 연계 • 관내 장애인일 자리 사업 연계	• 취업 시 많은 이동거리 소요 (왕복 1시간) • 대중교통 이용 불가	2	9
생활환경	■ 주거 내부환경 개선 ■ 주거 외부환경 개선 □ 기타	• 오래된 주택 거주, 보수가 필요한 부분이 많으며, 도배, 장판 교체가 필요함.	• 관내 주거환경 개선 서비스 연계	• 오래된 주택 거주	-	2
법률 및 인권보장	□ 법률적 지원 ■ 차별개선, 권익보장	• **"마을 사람들이 일을 시켜서 힘들어요"**	• 지역사회 내 장애인권익옹호 기관 활용	• 정보접근성 부족 • 마을 주민 장애 인식 부족	3	8

④-7. 척도를 이용한 사정	척도종류	결과
	위기도 조사	• 복합적인 욕구를 가진 클라이언트로서 위 욕구영역이 있는 위기도 조사 실시 • ※ 위기도 조사 총 28점 (신체건강 3점, 정신건강 3점, 일상생활 3점, 가족관계 5점, 경제 3점, 고용 4점, 생활환경 3점, 법률 및 인권보장 4점) • 클라이언트 자녀에 대한 심리적 불안감, 고용에 대한 욕구, 마을 주민들의 노동착취 등에서 위기 정도가 매우 높음. 또한 일상생활, 경제적 어려움, 생활환경 등도 위기 정도가 높게 사정되었음.

⑤ 5. 사례관리자 의견	
• 클라이언트의 세대 구성원 모두 지적장애 및 경계성 지능장애를 지니고 있어 기본적인 일상생활의 어려움 외에도 노동착취, 정서적 학대, 자녀양육능력 부족 등의 문제가 발생하고 있음. • 2년 전 클라이언트 세대에 공공후견인이 선임되어 금전관리 외에도 생활 전반에 대해 적극적인 도움을 주고 있으나 여러 가지 한계를 느끼고 있는 상황으로 민관협력 등 다양한 자원들을 활용하여 가족관계의 문제 및 권익보장과 관련한 사례관리가 필요하다고 보임.	
⑥ 강점 활용 방안	• 클라이언트는 선한 성품과 밝은 모습으로 사회성이 좋으며 학습기능은 낮지만 사회연령은 높아 기본적인 일상생활 및 사회생활이 가능함. • 부지런하며 어렸을 적부터 농사일 및 기계조작 등에 대한 기술 등 손재주가 뛰어나며 고난이도의 기술을 요하지 않는 단순한 작업 기능은 충분히 가능함. • 가족에 대한 애정이 있으며 가장으로서의 책임감과 문제를 해결해보려는 의지가 있음.
⑦ 사례관리 수준판정	■ 사례관리 진행 ☐ 서비스 단순 이용

토론하기

1. 사례관리 연습하기에서 나온 예시를 참고하여 클라이언트 욕구(need)와 요구(want)에 대해 구분하고, 제시된 욕구사정을 조별로 설명해 봅시다.

2. 사례관리 연습하기에서 나온 예시를 참고하여 클라이언트의 강점 및 자원을 개인별로 각각 4가지 이상 탐색한 후 조별로 공통점과 차이점을 토론해 봅시다.

CHAPTER 09

계획수립 단계

계획수립단계는 사정 단계에서 파악한 내용을 바탕으로 클라이언트와 가족의 욕구를 해결하기 위한 목표를 수립하고 실행방법을 계획하는 단계이다. 이 장에서는 계획수립의 개념, 계획수립 방법, 계획수립을 위한 실천기법과 지침 등을 중심으로 살펴보고자 한다.

1. 계획수립 개념

계획수립 과정은 통합사례회의와 클라이언트에게서 확인된 변화의 목적을 구체화하기 위해 서비스 적용 및 실천방법을 모색하는 과정이다. 계획수립은 서비스 내용과 서비스 우선순위 결정, 자원의 개발, 서비스 제공시기, 제공자, 제공기간, 제공장소 등 구체적인 개입방법을 포함하고 있다.

가능한 한 클라이언트 및 클라이언트 가족과의 합의하에 성취할 수 있는 수준에서 설정되어야 하며, 과도한 목표설정은 당사자에게 좌절감을 줄 수 있기 때문에 클라이언트의 강점을 찾아 잘해왔고 잘할 수 있고 잘하고 싶어 하는 일로 목표를 세울 필요가 있다. 즉, 목표설정에 있어서 클라이언트와 함께한다는 것을 명심해야 하며, 클라이언트가 책임을 받아들이기로 요청하지 않은 목표는 세워서도 안 된다.

2. 계획수립 내용과 기술

1) 계획수립 과정

(1) 목표의 공식화

계획의 첫 시작은 사정 단계에서 확인된 클라이언트의 욕구를 바탕으로 목표를 공식화하는 것이다. 목표를 공식화하기 위해서는 욕구충족, 문제해결 방안 및 대안의 명료화, 개별적인 사례의 목표 또는 초점의 진술, 클라이언트와 사례관리자 및 비공식 지원체계가 수행해야 할 과업의 명확화, 클라이언트와 서비스 계획의 협의 등이 있다. 목표는 서비스가 종결되었을 때 클라이언트에게 기대되는 결과에 대한 진술이기 때문에 분명한 목표수립은 중요하다.

(2) 우선순위 결정

우선순위를 결정할 때에는 제시된 욕구 중에서 개입을 통해 변화하고자 하는 욕구가 설정되면 욕구와 문제의 긴급성 등을 고려한다. 우선순위는 클라이언트의 기간 내 달성 가능성, 클라이언트가 중요하다고 생각하는 것, 긴급성, 상황 개선의 가치에 따라 결정된다. 우선순위 3~4가지를 선정하여 목표수립을 진행하는 것이 계획을 체계적으로 수립하는 데 도움이 되며, 클라이언트가 목표를 효율적으로 달성하는 데 기여할 수 있다.

(3) 서비스 계획수립

서비스 계획수립 시 클라이언트의 공식적 자원체계보다 비공식적 자원체계를 우선적으로 고려해야 한다. 그 이유는 클라이언트가 사례관리 종결 이후에도 본인의 관계 속에서 자원을 발굴하고 그로 인해 발전하는 계기를 만들 수 있기 때문이다.

비공식적 지지체계가 없거나 전문적인 서비스 제공 기관을 통한 지원이 효과적이라고 판단되면 지역자원에 대한 탐색이 이루어져야 한다. 이 경우에는 클라이언트가 익숙하며 이용한 경험이 있고 선호하는 기관을 우선으로 선정한다.

(4) 시간 활용의 확인

클라이언트와 목표를 달성하는 데 필요한 기간과 시간을 계획하는 것은 중요한 과정이다. 구체적인 시간제한 없이 계획을 수립하게 된다면 클라이언트의 의지가 낮아지게 되며, 끝없이 이어질 가능성이 높다. 그러므로 3개월을 기준으로 목표를 세분화하고 실행방법에 따른 시간 계획을 설정하며 목표에 대한 평가를 실시하는 것이 중요하다.

(5) 계약

계약은 사례관리자의 일방적인 결정이 아닌 클라이언트와 함께 설정한 목표의 결과물이라는 것과 본인의 주도권을 잃지 않고 나아가는 것이 필요하다. 계약 내용에는 클라이언트와 사례관리자의 과업이 함께 기록되었을 때 클라이언트에게 동의와 이행을 위한 동기 부여가 될 것이다.

(6) 계획서의 공유

계약은 서면과 구두로 진행될 수 있으나, 구두로 진행한 경우에도 사례관리자가 기록을 남겨두어야 한다. 클라이언트와 상호 합의된 내용으로 계획서 작성이 완료되었다면 서명한 원본을 각자 나누어 가짐으로써 이후 계획의 수행에 대한 책임과 의무가 나누어진다. 이를 통해 클라이언트에게 일일이 설명하지 않아도 목표를 이루기 위해 스스로가 무엇을 해야 하는지를 인지하는 원동력이 될 수 있다. 추후 계획서를 바탕으로 점검 및 평가 또한 실행할 수 있다.

2) 계획수립 기술

(1) 목표설정

목표는 클라이언트의 문제를 해결하고자 하는 것으로, 클라이언트와 합의를 통해 목표를 설정하는데 목표달성에 소요되는 기간에 따라 장기목표, 단기목표로 구분한다. 일반적으로 단기목표는 3~6개월 이내에 달성이 가능한 목표를 의미하며, 장기목표는 6개월~1년 이상 개입을 통해 긍정적인 변화를 도모할 수 있는 목표를 의미한다.

① 장기목표

장기목표는 사례관리 서비스가 종결될 때 어떤 변화가 이루어질 수 있는가에 대한 달성 가능한 목표 상태와 수준을 반영한다. 클라이언트가 가진 삶에 대한 소망과 열정, 희망, 꿈에 대한 표현으로 그들의 언어 그대로 기술되며, 클라이언트가 이해할 수 있을 정도로 명료화하고, 좋지 않은 목표라고 논쟁하기보다는 수용하고 그것이 적절한지 탐색하는 것이 좋다. “나는 아들을 지키고 싶어요”라고 말하는 클라이언트의 욕구는 전문가들에게 비전문적인 표현으로 생각된다. 그러나 대화 속에는 자녀와 동거를 위한 경제상황, 양육태도, 건강 등 객관적인 욕구만이 아니라 클라이언트의 감정이 함축되어 있다. 따라서 클라이언트의 언어를 그대로 기술하면 클라이언트에게는 가장 이해할 만하고 동기 부여가 되는 목표가 될 수 있다.

② 단기목표

단기목표는 장기목표를 세분화한 것으로서 단기목표를 달성하게 되면 장기목표를 달성할 수 있도록 연결되며 최소한 3개월 이내에 달성 가능하도록 설정한다. 단기목표는 장기목표에 비해 명시적이고, 구체적이고, 행동적이어야 한다. 추상적인 내용은 가능성이 있는 내용으로 구체화하고 긍정적인(생산적이고 발전 지향적인) 언어로 기록한다.

(2) 계획수립의 실천기술

계획수립에서는 클라이언트의 자발성과 사례관리자와의 협력관계를 높일 수 있다. 하지만 대부분의 클라이언트들은 구체적으로 어떠한 어려움이 있는지, 어떠한 변화와 성과가 있기를 기대하는지 질문을 받으면 어려움을 느낀다. 그 이유는 본인의 욕구를 명확하게 인지하지 못했거나, 욕구를 인지했더라도 변화 가능한 목표로 구체화하는 데 어려움이 있기 때문이다. 클라이언트의 욕구에 맞는 목표를 세울 수 있도록 사례관리자의 기술이 요구된다.

① 수량화하기

목표는 구체적이고 측정 가능한 형태로 기술한다. 예를 들어, 다음 표와 같이 바람직한 목표를 세웠을 때 목표달성 여부를 객관적이고 실제적으로 평가할 수 있다.

〈표 9-1〉 측정 가능한 목표설정 방법

바람직하지 않은 목표	바람직한 목표
학업성취능력 향상	학업성적 5% 향상
지역주민과 관계 향상	이웃과 일주일에 3번 이상 인사하기

② 부분화하기

목표는 실현 가능한 형태로 부분화하는 것이 효과적이다. 클라이언트는 스스로 문제해결을 위해 노력을 하였지만 실패하고 좌절된 상태에서 사례관리자를 찾아온다. 또 다른 실패로 실망과 부정적 자아상을 경험하지 않도록 작은 목표라도 클라이언트가 목표를 달성하는 성공경험을 하는 것이 중요하다. 왜냐하면 성취감을 경험하면서 문제해결능력이 향상될 수 있기 때문이다.

③ 긍정적으로 표현하기

목표는 긍정적인 형태로 기술한다. 예를 들어, 다음 표와 같이 무엇을 하지 말아야 할 것인지를 결정하는 것보다 무엇을 해야 하는지를 알아내도록 노력해야 한다. 부정적 행동을 없애는 것보다 긍정적 행동을 취하게 되는 것이 클라이언트 문제해결의 동기 부여에 효과적이다.

〈표 9-2〉 긍정적 목표설정 방법

바람직하지 않은 목표	바람직한 목표
아이를 혼내지 않기	하루 2번 이상 안아주기
술 마시지 않기	하루 2끼 이상 식사하기

④ 구체화하기

목표는 명료해야 한다. 사례관리자는 클라이언트의 구체화 진술을 위해 단계적 질문을 통해 도울 수 있다. 해결 중심 상담에서 사용하는 기적질문이 사용될 수 있다. 클라이언트가 '행복해지고 싶어요'와 같은 애매모호한 목표를 말할 경우 '당신이 행복하다면 어떤 일이 일어나게 될까요?', '당신이 보기에 어떤 사람이 행복해 보이나요? 그 이유는 무엇인가요?' 등의 질문을 통해 달성하고자 하는 결과를 구체화할 수 있다.

(3) 목표설정을 위한 고려사항

① 사례관리자의 주요 과업

사례관리자는 클라이언트를 참여시키고 목표를 달성할 수 있도록 지역자원을 찾아내고 상황에 맞는 상담기술이 요구된다.

첫째, 사례관리자는 직접적인 실천 기술뿐만 아니라 지역사회 자원망의 개발 및 연계를 위한 능력을 갖추어야 한다. 이러한 과업을 위해 사례관리자는 설정된 목표를 통합사례회의에 상정하고 목표달성을 위한 더 많은 자원을 찾아 합류를 요청할 수 있어야 한다.

둘째, 클라이언트의 강점을 탐색하고 활용하기 위해서는 해결로 이끄는 질문이 유용하다. 이러한 과업을 위해 예외질문(생활에서 일어난 과거의 경험으로 문제가 발생했다고 기대했으나 문제가 발생하지 않은 상황), 기적질문(문제가 해결되면 본인의 생활이 어떻게 달라질 것인가 상상), 척도질문(숫자를 이용하여 직관적인 관찰들을 의미 있게 표현하고 미래에 대한 가능성 평가), 대처질문(환경과 상황에 압도되어 있는 클라이언트에게 의미 부여) 등을 활용할 수 있어야 한다.

② 예상치 못한 상황에 대한 고려사항

계획 수립 과정에서 사례관리자는 클라이언트가 초기에는 긍정적 반응을 보이다가 부정적 태도로 바뀔 수 있고, 당사자의 언어, 문화, 자원, 정신과적 질환, 인지능력 저하, 신체적 장애 등 당사자의 어려움, 보호자의 반대 또는 기관의 자원 부족과 외부기관의 협조 중단, 사례관리자의 직무를 가로막는 또 다른 요구에 부딪히고(인사이동, 퇴사 등) 직무수행 과정에서 가중된 부담을 가지거나, 급한 업무라며 먼저 처리하라는 지시에 의해 방해를 받는 등 다양한 상황에 직면하게 된다. 이러한 상황은 직무 과정에서 수시로 일어날 수 있어 융통성 있게 대처할 필요가 있다.

대처는 2가지 차원에서 검토되어야 하며 '사례관리자는 방해요인을 대처할 시간적 여유가 있는가?', '대처에 필요한 여력을 가지고 있는가?' 등이다. 예측하지 못한 상황에 대처하기 위해서는 시간이 필요하다. 따라서 사례관리자 스스로 여유를 갖기 위해 노력해야 한다.

3. 계획수립 단계 실습

1) 계획수립 단계 양식

개별화 개입 계획서

<table>
<tr><td>이용자 번호</td><td></td><td>성명</td><td></td><td>사례 관리자</td><td></td><td>일시</td><td></td><td>유형</td><td>☐ 신규
☐ 재사정</td><td>사례 관리 수준</td><td>☐ 집중
☐ 일반</td></tr>
</table>

<table>
<tr><td>① 장기 목표</td><td colspan="9"></td></tr>
<tr><td>② 강점</td><td colspan="9"></td></tr>
<tr><td rowspan="2">③ 우선 순위</td><td rowspan="2" colspan="2">④ 제시된 욕구</td><td rowspan="2">⑤ 합의된 목표</td><td colspan="2">⑥ 실천계획</td><td rowspan="2">⑦ 빈도 (회/ 주)</td><td colspan="2">⑧ 연계자원 및 서비스</td><td rowspan="2">⑨ 개입기간</td></tr>
<tr><td>클라이언트</td><td>사례관리자</td><td>내부</td><td>외부</td></tr>
<tr><td rowspan="2">1</td><td colspan="2"></td><td rowspan="2"></td><td rowspan="2"></td><td rowspan="2"></td><td rowspan="2"></td><td rowspan="2"></td><td rowspan="2"></td><td rowspan="2"></td></tr>
<tr><td>⑩ 욕구 수준</td><td>개입 전 ( )</td></tr>
<tr><td rowspan="2">2</td><td colspan="2"></td><td rowspan="2"></td><td rowspan="2"></td><td rowspan="2"></td><td rowspan="2"></td><td rowspan="2"></td><td rowspan="2"></td><td rowspan="2"></td></tr>
<tr><td>⑩ 욕구 수준</td><td>개입 전 ( )</td></tr>
<tr><td rowspan="2">3</td><td colspan="2"></td><td rowspan="2"></td><td rowspan="2"></td><td rowspan="2"></td><td rowspan="2"></td><td rowspan="2"></td><td rowspan="2"></td><td rowspan="2"></td></tr>
<tr><td>⑩ 욕구 수준</td><td>개입 전 ( )</td></tr>
</table>

사례관리 동의서

1. 귀하와 합의된 내용 이외의 목적으로 개인정보가 노출되지 않도록 하겠습니다.
2. 모든 사례관리 내용은 귀하와 합의하에 진행하도록 하겠습니다.
3. 본 복지관은 귀하의 사회복지욕구를 해결하기 위해 최선의 사례관리 서비스를 제공하도록 노력하겠습니다.

사례관리자 : ______________ (인)
복 지 관 장 : ______________ (인)

---

1. 본인은 사례관리 서비스의 계획 및 진행내용에 대한 설명을 충분히 듣고 이해했습니다.
2. 본 동의서 작성일로부터 귀 복지관에서 제공하는 사례관리 서비스를 제공받는 것에 동의합니다.
3. 사례관리 서비스를 위해 필요한 정보를 제공하는 등 제반 활동에 함께 참여하겠습니다.
4. 본인은 함께 협력하는 데 있어 정보가 변경되거나, 서비스 계획이 변경 될 시 사례관리자와 상의하도록 하겠습니다.
5. 계획 당초 성실성 및 정보내용이 상이할 시 목표와 그에 따른 서비스가 조정되거나 중단 될 수 있음을 숙지하였습니다.

성 명 : ____________________ (인)
후견인 : __________(관계 : ______) (인)

2) 계획수립 단계 작성방법

분 류	세부내용
① 장기목표	• 단기목표 달성을 통해, 6개월 이상의 개입을 통해 변화를 가져올 수 있는 영역, 행동이나 태도의 변화를 도모하기 위한 목표로 설정
② 강점	• 제시된 욕구와 관련된 강점 작성
③ 우선순위	• 클라이언트와 합의하에 욕구에 대한 우선순위를 결정하여 작성
④ 제시된 욕구	• 클라이언트, 가족, 의뢰자 등 관련된 사람들이 해결하고 싶어 하는 욕구를 영역별로 구분하여 기록 • 클라이언트가 이야기한 그대로 표현하여 기재
⑤ 합의된 목표	• 클라이언트와 사례관리자가 합의한 구체적인 변화 목표 • 궁극적인 행동 변화에 영향을 미치는 생활조건의 변화
⑥ 실천계획	• 목적과 목표를 달성하기 위해 실행되어야 하는 서비스와 프로그램 • 내용, 양, 기간 등 기록
⑦ 빈도	• 서비스를 충분히 제공할 수 있는 기간과 횟수
⑧ 연계 자원 및 서비스	• 내부 : 기존 내부자원연계 • 외부 : 외부자원연계
⑨ 개입기간	• 구체적으로 합의된 기간을 정하여 정기적인 점검 진행
⑩ 욕구수준	• 척도질문을 사용하여 제시된 욕구별 기초선을 확인하여 작성 • 가능하면 척도질문 값의 의미를 구체적으로 질문하여 클라이언트가 변화 내용, 변화를 가능하게 한 방법 등을 스스로 확인하고 인식할 수 있도록 돕고 그 내용을 기록 **실천 TIP** **• 척도질문 사용하기** - 척도질문은 클라이언트가 아직 명확하게 생각하지 못했던 자신의 욕구는 물론, 현재 상황과 앞으로 도달하고자 하는 목표를 보다 구체화할 수 있도록 돕는 유용한 방법 중 하나이다. 척도질문은 사정과정뿐 아니라 사례관리 전 과정을 통해 점검과 평가의 도구가 될 수 있다는 점에서 유용성이 높다. **• 척도질문 예** - 문제가 해결된 상태를 10점, 가장 좋지 않은 상태를 1점이라고 한다면 지금은 몇 점인가요? 그런 점수를 주신 이유는 무엇인가요? - 현재보다 1점 올라가려면 지금보다 무엇이 달라야 하나요? 어떤 일을 하면 그렇게 될까요? - 지난주와 비교해 보면 이번 주는 몇 점인가요? 점수가 올라간/ 내려간 이유는 무엇인가요?

3) 계획수립 단계 작성 예시

개별화 개입 계획서

이용자 번호	2021-001	성명	김희망	사례 관리자	이동행	일시	2021. 1. 15.	유형	■ 신규 □ 재사정	사례 관리 수준	■ 집중 □ 일반

① 장기 목표	지역사회 내 안전망을 구축하여, 일상생활의 안정화 및 가족관계의 긍정적 변화 도모
② 강점	• 클라이언트를 포함한 가족 구성원 모두가 지적장애를 가지고 있는 장애인가정임. 현재 클라이언트의 후견인은 클라이언트 가정 내 금전관리뿐만 아니라 생활 전반에 있어 많은 도움을 주고 있음. 클라이언트 가족 구성원들이 지역 내에서 안정적인 삶을 살아가는 데 있어 매우 중요한 자원으로 활용되고 있음. • 클라이언트 가정을 둘러싼 다양한 자원들이 클라이언트 가정의 안정적인 생활을 위하여 개입하고 있음. • 클라이언트는 자녀가 말을 듣지 않아 힘이 든다고 이야기를 하지만, 상담을 통해 자녀에 대한 애착이 강하며 올바르게 키우려 하는 의지가 높음을 알 수 있었음. 특히 가장으로서 가정에서 본인이 수행해야 하는 역할에 대해 책임감이 강함.

③ 우선 순위	④ 제시된 욕구	⑤ 합의된 목표	⑥ 실천계획		⑦ 빈도 (회/ 주)	⑧ 연계자원 및 서비스		⑨ 개입기간
			클라이언트	사례관리자		내부	외부	
1	"아들이랑 같이 사는 게 싫고 힘들어요. 어머니가 돌아가시면 혼자 살고 싶어요." ⑩ 욕구 수준: 개입 전 (10)	안정적인 자녀양육 환경 조성 및 가족관계 개선	• 자녀에게 칭찬하기 • 화가 나더라도 올바르게 훈육하기	• 외부자원연계(자녀와의 의사소통)를 통한 훈육 방법 교육 • 클라이언트 자녀의 학업/ 기숙사 생활 확인 • 클라이언트 자녀의 건강상태 확인을 위한 병원 내방 • 클라이언트 자녀를 대상으로 개입 중인 여러 기관의 개입 내용 확인 및 기관 간 역할 조정	주 1회	-	• 발달장애인 지원센터 • 장애인부모회 • 특수학교 • 성문화인권 센터 • ㅇㅇ병원	2021. 1. 18. ~ 2022. 1. 18. (1년)
2	"계속해서 일을 하고 싶어요." ⑩ 욕구 수준: 개입 전 (9)	적합한 직종에 맞는 현장훈련 참여 및 취업(단기근로)	• 직업평가 및 현장훈련 참여 • 출퇴근 시 이용해야 하는 버스노선도를 알아보고 혼자 탑승해보기(반복)	• 관내 전문직업평가 센터 의뢰 • 직업지원팀과 연계하여 클라이언트의 취업 지원	주 1회	• 관내 전문 직업평가 센터 • 관내 직업 지원팀 연계	• 직업재활시설 • 한국장애인 고용공단	2021. 1. 18. ~ 2022. 1. 18. (1년)

<table>
<tr>
<td rowspan="2">3</td>
<td colspan="2">"마을 사람들이 쉬지도 않고 계속 일을 시켜서 힘들어요."</td>
<td rowspan="2">클라이언트와 마을 주민 간 관계회복을 통한 지역 내 보호 가능한 환경 조성</td>
<td rowspan="2">• 마을 주민들의 노동 요청 시 후견인에게 연락을 취해 해결 방안 모색하기</td>
<td rowspan="2">• 지역 내 장애인을 대상으로 노동착취와 관련된 유사 사례 확인 및 문제 해결을 위한 주민 교육 진행하기
• 통합사례회의를 통한 각 기관과 이웃 주민 간 역할 조정</td>
<td rowspan="2">주 1회</td>
<td rowspan="2">• 관내 지역 옹호팀 연계 권익옹호 활동실시</td>
<td rowspan="2">• 장애인권익옹호기관
• 희망복지지원단
• 행정복지센터
• ㅇㅇ파출소</td>
<td rowspan="2">2021. 1. 18.
~
2022. 1. 18.
(1년)</td>
</tr>
<tr>
<td>⑩ 욕구 수준</td>
<td>개입 전 (8)</td>
</tr>
</table>

토론하기

1. 비자발적인 클라이언트가 계획 수립 과정에 대한 이해와 참여할 수 있는 방안에 대해 토의해 봅시다.

2. 계획수립 단계에서 사례관리자가 갖추어야 할 사회복지실천기술에 대해 토의해 봅시다.

CHAPTER 10

실행 및 점검 단계

사례관리 실천과정 중 실행 및 점검 단계를 살펴보고자 한다. 실행 및 점검 단계는 계획 단계에서 수립된 계획을 실행하는 과정으로 목적과 목표, 서비스 내용을 실제로 이행하고 수립된 계획대로 변화가 이행되는지를 확인하는 과정으로 진행된다.

1. 실행 및 점검 개념

1) 실행의 개념

실행은 클라이언트와 수립한 계획의 목적달성을 위한 과정으로 서비스와 자원연계, 조정이 이루어진다. 실행과정은 사례관리 전 과정에서 가장 거시적인 과정으로 클라이언트의 상황에 따른 변화를 이끌 수 있으며 클라이언트, 서비스 제공자, 사례관리자와의 활발한 상호작용이 일어나야 한다.

2) 점검의 개념

점검은 계획된 목표에 맞게 서비스와 자원이 올바르게 진행되고 있는가를 확인하는 사례관리자의 중간점검과정이다. 사례관리자는 점검을 통해 계획의 진행 정도, 클라이언트와 서비스 제공자의 노력과 적절성, 장애요인, 새로운 욕구 등을 파악하여 계획대로 진행될 수 있도록 재사정이 이루어지기도 한다.

2. 실행 및 점검 내용과 기술

1) 실행 내용과 기술

(1) 직접서비스

클라이언트 삶의 문제를 스스로 해결할 수 있도록 능력을 강화하고 지원하는 활동이며 본인이 주체가 되어 학습된 무기력함에 맞서 극복하려는 의지를 갖는 것으로 정의할 수 있다. 사례관리자가 제공할 수 있는 직접서비스는 다음과 같다.

① 위기개입

중요한 타인의 사망, 주거지 상실, 신체적 · 정신적 장애, 가정폭력 등 갑작스러운 위기상황으로 클라이언트가 불균형 상태에 있을 경우 사례관리자는 신속하게 개입하여 자원을 배치하고 위기로 인한 회복을 돕는 방법이다.

위기상황은 갑작스럽게 발생하기 때문에 사례관리자는 문제상황이 언제든지 발생할 수 있다고 인식하며 대처해야 한다. 또한 언제까지 직접서비스를 제공할 수 없으므로 클라이언트와 기한에 대한 명확한 기준을 설정하고 문제가 일어난 사건을 명확히 하고 당사자가 문제를 인식하여야 하며, 이후 유사한 상황에 놓였을 때 효과적인 대처가 가능하도록 클라이언트의 회복을 도와야 한다.

② 교육 및 훈련

교육 및 훈련은 클라이언트에게 주체적인 삶의 기술을 가르치는 것으로 클라이언트의 욕구를 달성하기 위해 필요한 기술을 획득하여 직접 활동이 가능하도록 구조화된 학습 방법을 구사하는 것을 말한다.

교육 방법으로는 모델링, 역할 바꾸기, 코칭, 강화물 활용, 집단 교육, 실습 등이 있다. 실제로 자원을 얻어 가기 위한 방법을 습득하게 되면 유사한 문제나 상황이 반복되더라도 취득한 자원 접근 및 활용능력을 사용할 수 있게 되어 서비스의 영속성을 얻게 하는 것과 같은 효과가 있다.

〈표 10-1〉 교육 및 훈련 시 유의사항

• 사례관리자는 클라이언트 스스로가 교육 제목과 목표를 명확히 인지한 뒤 교육을 실시하여야 한다. • 사례관리자는 클라이언트가 교육받은 내용을 실행할 수 있도록 행동순서를 구체화하여 교육하고 반복 경험을 제공하여야 한다. • 사례관리자는 클라이언트가 반복적으로 행동을 연습할 수 있도록 안전한 환경 제공, 실패에 대한 염려 요소 제거, 적절한 보상을 제공하여야 한다. 지역사회 내 타인들로부터의 사회적 강화물 활용이 도움이 된다. • 획득한 기술을 생활에 적용하여 실천할 수 있도록 기회를 제공한다. 성공 경험을 강화하고 실제 적용에서의 어려움은 보완하여야 한다.

③ 협력적 활동

협력적 활동은 클라이언트의 문제해결 기술을 발전시키기 위해 욕구충족에 필요한 자원을 획득하고 논의하는 과정 전반을 사례관리자와 협력하는 활동을 말한다. 협력적 방법에는 의논을 위한 접촉면접, 옹호하기, 동행하기 등이 있다.

④ 상담

상담은 클라이언트가 유용한 서비스를 선택할 수 있도록 필요한 정보를 제공하며, 욕구와 문제에 대한 이해를 증진하기 위해 필요하다. 상담은 클라이언트에게 고립감과 문제의 압박감을 감소시키며 정서적 지지, 문제해결에 대한 동기 부여, 문제해결에 대한 대안 제시를 하기도 한다.

⑤ 정보제공

정보제공은 사례관리자가 다양한 정보를 수집한 후 클라이언트가 이용 가능한 정보를 파악하여 정보처리를 통한 자료 제작과 출판, 리플릿 제작, 설명회 개최 등의 방법으로 제공하는 활동이다. 사례관리자가 제공하는 이러한 정보는 클라이언트의 수준에서 이해가 가능하며 활용할 수 있도록 편집되어야 한다.

〈표 10-2〉 사례관리자의 직접실천 기술

목 표	기 술	기대 효과
욕구해결을 위한 서비스 자원 획득	• 위기개입	• 긴급 욕구의 신속한 해결 • 클라이언트의 안정된 상태 마련
욕구해결을 위한 클라이언트의 역량 강화	• 협조 • 교육, 훈련 • 상담, 치료 • 정보제공 • 자기 옹호 활동 지원	• 자원과의 접근성 증가 : 내적 장애물 제거 : 자원에 대한 새로운 정보 획득 • 자원과의 상호작용 증가 : 자원과의 상호작용 장애물 제거 • 자원의 이용성 증가 : 자원의 이용 자격 획득 : 성공 경험으로 긍정적 자기존중감 강화

(2) 간접서비스

간접서비스는 클라이언트의 욕구해결을 위해 탐색된 자원망이 반응적 클라이언트 지원망이 되도록 발전시키는 데 사례관리자가 관여하는 서비스를 말한다. 목슬레이(1993)는 클라이언트가 자원망, 즉 자원을 개발하고 이들과 상호작용과 문제해결을 해나가는 과정에 사례관리자가 관여하는 것으로, 간접실천의 목적은 대인서비스 전달망 수준이나 조직적 수준에서의 체계적 변화, 환경적 개입, 자원제공자의 능력 배양, 자원에 대한 명확화, 조직화에 있다고 설명하였다.

① 연계

연계는 클라이언트 지원 계획에 정해진 서비스를 전달할 최선의 기관이나 자원을 선택하는 데 관여하는 사례관리자의 활동을 의미한다. 사례관리자는 클라이언트 욕구에 맞는 자원을 사정하여 자원을 조직화하고 자료화하여 클라이언트가 선택할 수 있도록 지원해야 한다.

〈표 10-3〉 서비스 연계를 위한 사례관리자의 역할

자료 분석과 정리	클라이언트가 선택할 수 있도록 다양하고 적절한 정보제공
자원 목록에서 선택하도록 돕기	클라이언트 욕구에 근거한 다양한 대안과 장단점을 비교하여 제시
연계할 기관에 대한 조직화	연계기관과 연계활동에 대한 사전 협의, 연계 절차를 구조화하여 서비스 제공

② 옹호

옹호는 클라이언트의 입장을 대변하여 기관의 서비스 제공 의지를 높이고 자원의 활용성과 접근성을 증진시키는 사례관리자의 활동을 의미한다.

사례관리자는 클라이언트의 욕구에 부응하지 않으려는 자원들의 경향을 조정한다. 사례관리에 있어서 옹호 활동은 대부분 클라이언트 개인의 옹호 활동이지만 사안에 따라서는 개인 수준의 클라이언트 옹호보다는 계층 옹호와 같이 지역사회나 정책, 기관을 대상으로 옹호 활동을 전개하기도 한다.

③ 조정

조정은 클라이언트에게 진행되는 서비스가 적절한 방법으로 수행되도록 배치하고 정리하는 활동을 의미한다. 사례관리자는 클라이언트와 서비스 제공자와의 의사소통을 촉진해야 하며, 갈등을 해결하고 분쟁을 적절히 조정해야 한다. 그러기 위해 사례관리자는 옹호, 협력 등과 같은 기술을 가지고 있어야 한다.

〈표 10-4〉 사례관리자의 간접실천 기술

목 표	기 술	기대 효과
욕구해결을 위한 서비스 자원 획득	• 중개 • 의뢰	• 최선의 공식적 서비스 획득
욕구에 대응하는 서비스와 자원의 능력에 영향을 미침	• 옹호 • 조정 • 점검 • 자원개발 • 자원망 지원 활동	• 서비스 이용성과 접근성 증가 • 서비스 제공자들의 팀워크 증진 • 자원 출처의 증가 • 지속성 유지 • 자원망으로서의 반응적 역량강화

2) 점검 내용과 기술

(1) 점검의 내용

① 계획 이행도 점검

서비스 제공자의 과업, 책임, 활동에 대한 점검으로 시간 분배, 과업 수행 여부 등 계획 이행 정도를 검토한다.

② 목표 성취 점검

목표 성취 점검이란 클라이언트의 목표에 대한 성취 정도를 검토하는 것이다. 즉, 서비스 실행과정에서 장단기 목표가 성취되어 가고 있는가를 점검하는 것이다.

(2) 점검의 영역

점검의 영역은 클라이언트 점검과 서비스 점검으로 구분된다. 클라이언트 점검은 사례관리자가 서비스 목표달성을 위해 클라이언트의 노력 정도, 참여도 등을 점검하는 과정이다. 서비스 점검은 사례관리자가 외부 서비스 담당자의 서비스 목표달성을 위해 기여하고 있는 정도를 점검하는 과정이다.

〈표 10-5〉 점검의 영역과 내용

분 류	세부내용
클라이언트 점검	• 클라이언트 스스로 노력하고 있는가? • 클라이언트가 적극적으로 참여하고 있는가? • 클라이언트가 자신의 강점을 활용하고 있는가? • 클라이언트가 목표달성 노력을 하고 있는가? • 클라이언트의 외부 자원의 서비스 담당자와의 상호작용은 적절한가? • 클라이언트에게 새로운 욕구가 발생하였는가?
서비스 점검	• 외부 서비스는 계획대로 적정하게 이행하고 있는가? • 외부 서비스 담당자는 서비스 실행을 위해 노력하고 있는가? • 외부 서비스의 질은 적절한가? • 외부 서비스 담당자는 클라이언트와 적절한 상호작용을 하고 있는가? • 제 시간에 이루어지고 있는가?

(3) 새로운 욕구 발견

서비스 실행과정에서 사례관리자는 클라이언트의 새로운 욕구가 있는지를 점검한다. 새로운 욕구는 개인과 가족차원의 문제이거나 환경적 변화에 의해 기인된 문제이기도 하다. 새로운 욕구가 발견된 경우 재사정이 필요하며 재사정은 다음과 같이 진행할 수 있다.

〈표 10-6〉 재사정의 유형과 방법

분 류	세부내용
클라이언트 변화 욕구	재사정이 필요하게 된 클라이언트의 변화 욕구에 대한 사항을 작성한다.
서비스 제공 및 문제	클라이언트의 상황 및 기존에 제공된 서비스가 클라이언트의 변화 욕구에 문제가 되는 것인가를 파악하여 작성한다.
사례관리자 의견	재사정과 관련하여 파악된 클라이언트와 가족 구성원의 반응과 태도를 파악하고 이에 대한 사회복지사의 의견을 작성한다.
재사정 결과	종결이나 의뢰의 경우 향후 다른 욕구가 발생하거나 의뢰의 결과에 따라 클라이언트를 다시 만나게 되는 경우도 있으므로 별도의 리스트를 작성하여 보관해 두는 것이 필요하다.
향후 계획	재사정의 결과에 따라 서비스 제공에 대한 변화된 계획 수립이나 의뢰, 종결과 관련된 내용을 작성하고, 사례관리 수준의 조정이 이루어졌다면 그 내용과 결과도 함께 작성한다.

(4) 점검방법

① 질적 점검방법

질적 점검은 사례관리과정에서 클라이언트의 노력 정도와 사례관리 목표달성을 위한 자원체계의 서비스 이행 정도를 점검하는 과정 점검에서 주로 사용된다. 점검방법은 사례관리자의 직접관찰, 면담, 전화 등의 다양한 방법이 사용될 수 있다.

〈표 10-7〉 질적 점검방법

분 류	세부내용
클라이언트의 노력	클라이언트를 관찰, 가정방문, 대면 접촉, 전화 등을 통해 점검 내용 파악
서비스 이행도	사례관리자의 서비스 및 외부 자원의 서비스를 기관방문, 대면 접촉, 전화 등을 통해 서비스 이행도 파악

② 양적 점검방법

양적 점검 서비스의 이행 정도와 클라이언트의 변화 정도를 척도를 활용하여 파악하며, 외부 서비스 담당자의 기록지, 결과지 등 양적 자료와 실행결과를 기반으로 점검한다.

3. 실행 및 점검 단계 실습

1) 서비스점검표 양식

서비스점검표

이용자 번호		성 명		사례관리자	
① 일 시		유 형	□ 신규 □ 재사정		

<table>
<tr><th>우선 욕구</th><th colspan="2">② 제시된 목표</th><th>③ 실행계획</th><th>④ 개입기간 (빈도)</th><th>⑤ 점검내용 (사례관리자 의견)</th></tr>
<tr><td rowspan="2">1</td><td colspan="2"></td><td rowspan="2"></td><td rowspan="2"></td><td></td></tr>
<tr><td>⑥ 욕구 수준</td><td>개입 전(　)
개입 후(　)</td><td>□ 달성 □ 연장
□ 재사정 □ 기타</td></tr>
<tr><td rowspan="2">2</td><td colspan="2"></td><td rowspan="2"></td><td rowspan="2"></td><td></td></tr>
<tr><td>⑥ 욕구 수준</td><td>개입 전(　)
개입 후(　)</td><td>□ 달성 □ 연장
□ 재사정 □ 기타</td></tr>
<tr><td rowspan="2">3</td><td colspan="2"></td><td rowspan="2"></td><td rowspan="2"></td><td></td></tr>
<tr><td>⑥ 욕구 수준</td><td>개입 전(　)
개입 후(　)</td><td>□ 달성 □ 연장
□ 재사정 □ 기타</td></tr>
<tr><td colspan="3">⑦ 클라이언트의 변화</td><td colspan="3"></td></tr>
<tr><td colspan="3" rowspan="2">⑧ 사례관리자 평가</td><td colspan="3">□ 종결 □ 재사정 □ 의뢰</td></tr>
<tr><td colspan="3"></td></tr>
</table>

2) 서비스점검표 작성방법

구 분	세부내용
① 일시	• 사례관리점검표 작성일을 기록한다.
② 제시된 목표	• 개별화 개입 계획서에 작성한 내용과 동일하게 작성한다.
③ 실행계획	• 개별화 개입 계획서에 작성한 내용과 동일하게 작성한다.
④ 개입기간(빈도)	• 계획의 실제적인 실행기간을 작성하고, 빈도는 실천계획에 의한 서비스 제공(실행) 횟수를 작성한다.
⑤ 점검내용 (사례관리자 의견)	• 계획에 따라 실천이 이루어졌는지, 이행 방법에 대해 기입한다(방법, 양, 질, 효과 등). • 계획 대비 점검사항에 대해 '달성, 연장, 재사정, 기타' 중 해당하는 것을 표시한다. 변경된 내용이 있다면, 변경 내용과 사유에 대해 기입한다.
⑥ 욕구수준	• 욕구에 따른 문제의 심각성을 묻는 척도질문 점수와 개입 후 척도질문을 통해 욕구의 변화를 파악할 수 있다. • 클라이언트가 느끼는 욕구 만족 수준을 1~10점 사이로 표기하여 현재 상태의 수준을 기록한다.
⑦ 클라이언트의 변화	• 실행계획에 대한 전반적인 클라이언트의 변화를 작성한다. • 의도했던 변화가 나타나고 있는지, 클라이언트 주변 상황이 달라진 것이 있는지, 실행계획의 조정이 필요하지 않은지 등을 작성한다.
⑧ 사례관리자 평가	• 사례관리자가 현재까지 진행된 과정에 대한 평가와 의견을 작성한다. • 사례관리자 외의 서비스 제공자의 의견을 함께 작성한다.

3) 서비스점검표 작성 예시

서비스점검표

이용자 번호	2021-001	성 명	김희망	사례관리자	이동행
① 일 시	2021. 6. 1.	유 형	■ 신규 □ 재사정		

<table>
<tr><th rowspan="2">우선 욕구</th><th rowspan="2" colspan="2">② 제시된 목표</th><th colspan="2">③ 실행계획</th><th rowspan="2">④ 개입기간 (빈도)</th><th rowspan="2">⑤ 점검내용 (사례관리자 의견)</th></tr>
<tr><th>클라이언트</th><th>사례관리자</th></tr>
<tr><td rowspan="2">1</td><td colspan="2">"아들이랑 같이 사는 게 싫고 힘들어요. 어머니가 돌아가시면 혼자 살고 싶어요."</td><td rowspan="2">• 자녀에게 칭찬하기
• 화가 나더라도 올바르게 훈육하기</td><td rowspan="2">• 외부자원연계(자녀와의 의사소통)를 통한 훈육 방법 교육
• 클라이언트 자녀의 학업/기숙사 생활 확인
• 클라이언트 자녀의 건강상태 확인을 위한 병원 내방
• 클라이언트 자녀를 대상으로 개입 중인 여러 기관의 개입 내용 확인 및 기관 간 역할 조정</td><td rowspan="2">2021. 1. 18.
~
2022. 1. 18.
(1년)/
주 1회</td><td>• 클라이언트가 자녀를 대하는 태도의 긍정적인 변화뿐만 아니라 자녀의 기숙사 생활로 인한 분리와 학교 내에서의 문제행동이 감소하였음. 주말에 집에 오게 되면 문제행동이 발생하여 후견인과 담임교사의 정기적인 상담을 통해 모니터링을 진행하고 있음.</td></tr>
<tr><td>⑥ 욕구 수준</td><td>개입 전(10)
개입 후(8)</td><td>□ 달성 ■ 연장
□ 재사정 □ 기타</td></tr>
<tr><td rowspan="2">2</td><td colspan="2">"계속해서 일을 하고 싶어요."</td><td rowspan="2">• 직업평가 및 현장훈련 참여
• 출퇴근 시 이용해야 하는 버스노선도를 알아보고 혼자 탑승 해보기(반복)</td><td rowspan="2">• 관내 전문직업평가 센터 의뢰
• 직업지원팀과 연계하여 클라이언트의 취업 지원</td><td rowspan="2">2021. 1. 18.
~
2022. 1. 18.
(1년)/
주 1회</td><td>• 전문직업평가를 통해 직업능력 정도를 파악하여 수준에 맞는 취업 연계(직업재활시설)
• 숫자 그림 이미지를 활용하여 버스 번호표를 인지할 수 있도록 연습이 진행되었으며, 반복적인 경험이 쌓일 수 있도록 진행하고자 함.</td></tr>
<tr><td>⑥ 욕구 수준</td><td>개입 전(9)
개입 후(7)</td><td>□ 달성 ■ 연장
□ 재사정 □ 기타</td></tr>
<tr><td rowspan="2">3</td><td colspan="2">"마을 사람들이 쉬지도 않고 계속 일을 시켜서 힘들어요."</td><td rowspan="2">• 마을 주민들의 노동 요청 시 후견인에게 연락을 취해 해결 방안 모색하기</td><td rowspan="2">• 지역 내 장애인을 대상으로 노동착취와 관련된 유사 사례 확인 및 문제해결을 위한 주민 교육 진행하기
• 통합사례회의를 통한 각 기관/ 이웃주민 간 역할 조정</td><td rowspan="2">2021. 1. 18.
~
2022. 1. 18.
(1년)/
주 1회</td><td>• 문제상황 개입 전 후견인이 지역 주민과의 관계회복을 위해 대화를 시도하였으나 호의적이지 않은 반응을 보임. 지속적인 문제상황으로 장애인권익옹호기관과 연계하여 마을 주민을 대상으로 권익옹호교육을 진행함.</td></tr>
<tr><td>⑥ 욕구 수준</td><td>개입 전(8)
개입 후(8)</td><td>□ 달성 ■ 연장
□ 재사정 □ 기타</td></tr>
</table>

<table>
<tr><td rowspan="1">⑦ 클라이언트의 변화</td><td>• 기관에서 문제상황에 개입 전 후견인이 지역주민들과의 관계회복을 위해 상담을 실시하였으나 효과가 미비하였음. 문제상황이 지속되어 장애인권익옹호기관과 연계하여 권익옹호 교육을 진행하였음. 마을 주민들이 클라이언트 가족을 대하는 태도에 큰 변화는 없음. 공식, 비공식 자원을 연계하여 문제상황에 대해 집중적인 개입이 이루어짐. 마을 주민들과의 관계가 지난 점검 시보다 개선되었음을 확인하였음. 지속적인 모니터링이 필요함.
• 클라이언트가 자녀를 대하는 태도에 긍정적인 변화뿐만 아니라 클라이언트 자녀의 학교 내에서의 문제행동도 많이 감소하였음. 주말에 집에 오게 되면 문제행동을 가끔 보이곤 함. 후견인, 담임교사와 정기적인 상담을 통해 모니터링을 진행하고 있음.</td></tr>
<tr><td rowspan="2">⑧ 사례관리자 평가</td><td>■ 종결 □ 재사정 □ 의뢰</td></tr>
<tr><td>• 클라이언트는 1년 동안 문제해결을 위한 노력을 많이 하였으며, 목표달성이 우수하게 이루어졌음. 또한 스스로의 의지가 강하고 목표를 유지할 수 있는 능력이 향상되었음.
• 연계된 자원활용도가 높으며 클라이언트 주변의 다양한 관계가 형성되었음. 이에 클라이언트와 종결을 합의하여 결정하였음.</td></tr>
</table>

토론하기

1. 직접서비스와 간접서비스의 차이점에 대해 토의해 봅시다.

2. 실행 및 점검 단계에서 사례관리자가 갖추어야 할 사회복지실천기술에 대해 토의해 봅시다.

CHAPTER 11

평가와 종결 단계

평가 단계는 사례관리 계약기간 만료 전, 종결 전, 클라이언트와 함께 사례관리 성과를 분석하는 과정으로 진행된다. 종결 단계는 사례관리자와 클라이언트의 사례관리과정을 종료하는 것으로 합의하에 진행된다. 사후관리는 사례관리 성과를 유지 · 발전시키도록 종결 후 관리하는 과정이다. 이 장에서는 사례관리 실천과정 중 평가와 종결, 사후관리 단계를 살펴보고자 한다.

1. 평 가

1) 개 념

평가는 사례관리의 다양한 구성요소에 의해 계획된 서비스가 클라이언트의 변화 목표에 부합되고 실천원칙을 잘 반영하여 제공되었는지를 확인하고, 실천의 내용들이 개입의 다양한 수준에서 기대된 변화나 성과에 기여하고 있는지를 통합적인 방법으로 확인하는 과정이다(권진숙 외, 2013). 종결은 사례관리자의 전문적인 판단에 근거하여 클라이언트에게 더 이상 서비스가 필요하지 않을 때 사례관리과정을 종결하는 단계이다. 사례관리자는 사회복지전문직의 가치와 윤리를 지키면서, 클라이언트와 계약한 내용대로 실천개입과정과 결과를 반드시 평가하고, 기관의 지침, 정책에 적합한 서비스를 제공할 책무성이 있으므로 평가활동이 강조된다.

2) 평가 내용과 기술 개념

(1) 효율적인 평가기술

클라이언트 평가를 통해 얻은 정보들은 서비스 제공과 사례관리 서비스 프로그램 개발에 사용되어야 한다. 평가는 사례관리 목적달성의 중요한 과정으로 신뢰성, 효과성 및 진실성이 보장되어야 한다. 그리고 평가과정은 클라이언트들이 자신의 관심사에 대해서 스스로 의견을 밝힐 수 있는 기회가 되도록 하여야 하며 평가 내용은 명확해야 한다. 또한 클라이언트에 대한 평가는 다른 전문가들은 물론 클라이언트 보호자들과 연결되어 있어야 한다. 다음은 효율적인 사례관리 평가를 수행하기 위한 2가지 참고사항이다.

① 사례관리 평가관련 분야의 전문가를 활용한다

클라이언트 욕구에 대해 사례관리자 단독으로 완전한 평가를 수행하는 것은 현실적으로 어렵다. 따라서 사례관리자의 역할은 평가가 효율적으로 되도록 조력하는 것이고 각 영역의 정보를 수집하여 의사소통을 할 수 있도록 정보를 보관하는 것이다. 그리고 클라이언트의 욕구들이 다른 전문가에 의해서 적절히 평가되어 있는지를 점검하는 것이다. 만약 관련 전문가와 함께 평가를 할 경우 각 영역의 전문가들이 준비할 시간을 주고, 필요한 정보와 과업들을 공유할 수 있도록 한다. 반면에 한 분야의 전문가가 평가를 주도하는 것이 도움이 될 수 있는데, 이는 클라이언트가 한 명의 전문가에게 집중할 수 있기 때문이다. 만약 가족치료자가 가족 구성원을 전문적으로 평가한다면 사례관리자는 같은 영역의 평가를 위해 전문가들이 중복하여 개입하지 않도록 배려해야 한다. 또한 사례관리자는 클라이언트와 그들의 환경이 역동적이고 지속적으로 변화하기 때문에 평가가 지속적으로 이루어지고 새로운 정보가 보완되도록 노력해야 한다.

② 객관적 평가를 위해 공식화된 평가도구를 사용한다

최근 들어 클라이언트와 가족들의 문제를 객관적으로 평가하기 위해 여러 가지 도구와 척도들이 개발되고 있다. 이러한 평가도구들은 각기 한계점을 갖고 있으나 현장에서 적용해 보는 것은 중요하다. 자기보고 형태의 설문지는 간단히 사용할 수 있고 평가하기 용이하다. 예를 들면, 공포지수나 불안지수, 우울지수를 측정하는 것은 흔히 쓰이는 방법이다.

객관적 평가도구의 단점은 다음과 같다. 첫째, 클라이언트의 무의식적 동기나 평가자의 무의식적인 유도에 의한 영향을 받을 수 있다. 둘째, 측정도구를 통해 단편적인 평가는 가능하나 복잡한 신체적인 상태나 행동의 장기간 변화는 평가할 수 없다. 셋째, 불안이나 우울 같은 기초적인 정보만 가능하고 증상이 심한 환자나 읽지 못하는 환자들에게 도움이 되지 않는다. 넷째, 해석은 전체 인구를 기초로 한 것이기 때문에 클라이언트와 인과관계가 없을 수도 있다.

클라이언트들이 자기의 일상생활을 기록하거나 환청이나 강박적인 사고 등을 평가하는 클라이언트의 자기점검 방법도 효과적일 수 있다. 직접적인 관찰방법도 변화를 알 수 있는 효과적인 방법이며 행동 변화를 측정하는 방법도 있다.

(2) 사례관리 효과성의 평가방법

사례관리는 서비스가 제공되는 과정에서의 과정평가와 서비스 종결시점에서의 종결평가 등이 시행되어야 한다. 평가는 구체적으로 클라이언트에 관한 서비스와 개입 계획에 관한 과정평가, 목표달성에 관한 결과평가, 사례관리 서비스의 전반적인 효과성 평가, 클라이언트의 만족도에 관한 평가 등이 포함되어야 한다. 구체적으로 과제달성척도를 활용한 평가, 목표달성 평가, 실험설계를 이용한 사전·사후 비교 평가 등의 방법이 있다.

① 과정평가

사례관리에서 과정평가는 실천과정평가, 서비스 및 자원평가, 운영체계 평가의 3가지로 구분된다. 대부분 실천평가에서 서비스 및 자원평가와 운영체계 평가를 함께하는 경향이 있어, 과정평가는 실천과정평가로 진행한다. 과정평가에서는 다음과 같이 다양한 자료를 활용하여 평가한다. 사례관리과정에 활용된 모든 기록지 평가, 연계된 서비스와 자원기관의 기록분석, 클라이언트 및 가족 또는 실무자의 인식평가 등으로, 주로 실천단계별 기록지로 평가한다.

사례관리의 과정평가를 위해서는 점검이 중요하며, 서비스가 계획대로 잘 전달되고 있는지를 확인한다. 과정평가는 서비스가 잘못 전달되고 있는 사례를 관찰하고 부정적 결과를 예방하는 측면에서 실시하며 클라이언트의 서비스 및 프로그램에 대한 반응, 클라이언트의 진전상태를 관찰한다. 과정평가를 위한 정보는 클라이언트와 관련된 다양한 출처로부터 얻어지며, 클라이언트의 내면적 요소와 외면적 요소에 대한 동시 평가가 이루어져야 한다. 아울러 클라이언트에 대한 서비스 전달의 시간, 질, 적절성 등을 평가하여야 한다.

〈표 11-1〉 과정평가의 내용

구 분	내 용
실천과정에 대한 평가	• 사례 중 일부를 임의로 선정하여 실천양식에 대한 내용분석 • 사례관리자, 외부 참여기관들이 참여하는 초점집단면접(FGI) • 클라이언트 및 가족에 대한 1:1 면접, 초점집단면접(FGI)
자원과 서비스에 대한 평가	• 서비스제공기록지(과정기록지)를 활용한 집계와 내용분석 • 사례관리실천 경과에 따라 연계 자원의 종류와 내용의 변화를 평가하는 방법
운영체계와 실천환경에 대한 평가	• 사례관리실천에 참여한 사례관리자나 연계 실무자에 대한 면접 • 사례회의나 통합사례회의록에 대한 내용분석 • 사례관리 실무자에 대한 교육훈련과 슈퍼비전 내용을 포함한 평가

② 결과평가

사례관리실천을 통해 클라이언트의 변화목표가 달성되었는지를 평가하는 것으로 변화, 성과, 결과의 내용을 확인하는 활동이다. 결과평가는 목표달성도 평가, 만족도 평가, 통계적 기법에 의한 사전·사후 평가, 단일사례평가 등을 적용할 수 있다.

〈표 11-2〉 결과평가의 유형

구 분	내 용
목표달성도 평가	클라이언트와 사례관리자가 서비스 계획 시에 세운 장기목표 및 단기 목표를 얼마나 잘 달성했는지 평가하는 것이다.
만족도 평가	클라이언트가 사례관리과정에서 받은 서비스에 대해 얼마나 만족하는지를 평가하는 과업으로 서비스만족도를 평가하는 조사표는 사례 종결 시 클라이언트 및 가족이 응답하도록 한다.
단일 집단 사전·사후 비교설계	엄격한 평가를 위해서는 실험집단과 통제집단을 비교하는 것이 바람직하지만 유사한 통제집단을 현실적으로 설정하기 어렵고 통제집단을 설정할 때 서비스 제공에서 배제되는 윤리적인 문제가 제기된다. 따라서 일반적으로 사회복지실천에 대한 평가는 단일 집단 사전·사후 설계가 유용하다.
단일사례설계	단일 집단 사전·사후 설계가 가지는 한계를 극복하고, 자기보고식 도구 혹은 단일 도구를 이용한 평가로 사례관리자의 관찰을 반영할 수 있다.

2. 종 결

1) 개 념

종결은 클라이언트의 욕구가 충족되거나 사례관리를 통해 사례관리 실천의 목표가 달성되어 더 이상의 사례관리가 필요하지 않다고 합의적인 판단이 이루어진 마무리 과정이다.

사례관리 종결은 단기개입을 종결하는 것보다 복잡한 과정이라고 할 수 있다. 이는 많은 클라이언트들이 만성적이고 복합적인 문제로 지속적인 서비스를 받고 있기 때문이며, 평생 동안 사례관리를 받아야 하는 경우도 있다.

또한 사례개입의 목표가 달성되었거나, 클라이언트의 중대한 변화로 인하여 서비스를 수행할 수 없을 경우, 클라이언트를 위해 서비스가 필요하지 않은 경우 등에도 사례관리를 종결한다. 그러나 사례관리가 종결되었더라도 클라이언트가 다시 서비스를 필요로 할 경우에는 사례관리자에게 접근할 수 있도록 지속적인 의사소통 통로를 마련하는 것이 좋다. 필요에 따라서는 타 기관에 의뢰할 수도 있으며, 의뢰 시에는 목적의 명확성, 이용 가능한 서비스 및 프로그램에 대한 정보, 의뢰 기관에 대한 정보를 클라이언트에게 제공하고 동의를 구해야 한다(김영종 외, 2008).

2) 종결 내용과 기술

(1) 종결 유형

종결의 유형으로는 장기목표달성, 단기목표달성, 상황호전, 거절이나 포기, 연락두절, 주거지 이전, 사망, 자체종결 등이 있다.

〈표 11-3〉 종결의 유형

구 분	내 용
장기목표달성	클라이언트 욕구 및 문제점을 진단하여 수립한 장기목표를 달성하는 경우
단기목표달성	클라이언트 욕구 및 문제점을 진단하여 서비스 계획에 따라 서비스 연계를 완료한 경우
상황호전	사례관리 전후 점수가 향상되고 클라이언트의 환경 변화로 인하여 상황이 진전되어 더 이상의 사례관리 서비스가 불필요한 경우
거절이나 포기	클라이언트의 서비스에 대한 거부가 지속되는 경우, 사례관리 서비스에 대한 동의 이후 서비스 계약 해지를 요구하여 진행 중단이 야기되는 경우
연락두절	의도적으로 클라이언트가 3개월 이상 사례관리자를 회피하여 연락을 끊는 경우
주거지 이전, 사망	클라이언트가 사망한 경우, 클라이언트의 이사로 인해 타 지역으로 사례관리를 이관해야 하는 경우
자체종결	기관의 자원·능력의 한계, 클라이언트의 소극적 참여 등

(2) 종결 단계

종결 단계는 준비 단계, 수행 단계, 종결을 기록하는 단계의 3단계로 나누어 볼 수 있다.

첫째, 종결을 위한 준비 단계로서 종결에 대해 클라이언트가 어느 정도 준비가 되어 있는지를 탐색한다. 클라이언트의 다른 자원체계, 보호체계와의 관계, 현재 기능 상태, 진전상태, 종결 후 발생할 수 있는 위험요소에 대한 평가 등을 실시해야 한다.

둘째, 종결과정을 수행하는 단계로서 최종면접을 시행하여 종결에 대한 감정과 과정에 대한 평가를 함께하고, 지지와 격려를 제공하여 종결 후 서비스 및 자원 이용에 대한 정보를 제공하는 것이다. 사례관리가 종결되었다 해도 해결해야 할 문제가 남아 있거나 추가로 제공되어야 할 서비스가 필요한 경우, 기관 내의 타 서비스나 다른 기관의 서비스에 클라이언트를 의뢰한다.

셋째, 사례관리 전반을 요약하고 종결을 기록하는 단계로서 기록의 내용은 사례관리 서비스를 받게 된 주요 문제, 성취된 목적과 목표 및 성취과정, 현재 상황, 종결과정, 종결에 대한 반응, 사례관리자의 개입과정, 결과에 대한 평가 등이다.

3. 사후관리

1) 개 념

사후관리는 사례가 종결된 후 클라이언트가 사례관리과정에서 획득한 변화를 잘 유지하고 있는지 모니터링하고, 만약 클라이언트가 다시 어려움을 겪고 있다면 재개입의 가능성을 탐색하기 위한 과정이다.

클라이언트의 상황에 따라 조정 가능한 일정 기간(3개월, 6개월, 1년 정도) 동안 전화, 방문 상담 등으로 사후조사를 시행해야 한다. 사후관리는 달성된 개입 목표가 잘 유지되고 있는지를 중심으로 이루어져야 하며, 지역사회 자원을 잘 활용하고 있는지, 클라이언트에게 지원이 더 필요한지, 의뢰가 적절했는지 등을 파악해야 한다. 이러한 변화추이 등을 감안하여 재개입 혹은 이후 개입 여부를 결정할 수 있다(강흥구 외, 2015).

2) 사후관리 내용과 기술

사후관리의 방법과 기간은 종결 단계에서 클라이언트 또는 후견인에게 동의를 받아서 진행되어야 한다. 종결 시 클라이언트와 함께 계획할 수도 있으며, 계획된 사후관리는 클라이언트에게 사례관리자의 지속적인 관심을 받고 있다는 지지감을 부여함으로써 사례관리 종결 시 개입효과를 지속적으로 유지하는 데 도움이 된다.

사후관리과정에서 사례관리자는 지지적 상담과 정보를 제공하여 클라이언트의 심리적 안정과 함께 지역사회 적응을 지원하는 역할을 한다.

사후관리는 개입방법의 효과를 측정하는 데 도움이 될 수 있다. 클라이언트에게 사례관리자가 실시하였던 개입 및 실천 중에서 어느 것이 가장 도움이 되었는지 파악할 수 있다. 또한 일정 기간이 지난 후, 클라이언트의 개입에 대한 평가는 사례관리 종결과정에서 실시되었던 평가보다 훨씬 의미가 있을 수도 있다.

때로는 클라이언트의 상황이 점진적으로 악화되고 있거나 문제가 재발되었음이 보고되는 경우가 있다. 이러한 경우에는 재발 악화를 보고하는 클라이언트를 위한 정보와 정서적 지지를 제공할 수 있으며, 타 기관 의뢰와 개입의 필요성을 논의할 수도 있다.

따라서 사후관리과정에 나온 주요 정보는 사후관리 양식지나 과정기록지에 추가적으로 기록하여야 한다. 사후관리가 최종 종료되면 사례관리가 전체적으로 종료된다.

4. 평가와 종결 단계 실습

1) 평가보고서 양식

평가보고서

이용자 번호		성명		사례 관리자		일시		유형	☐ 신규 ☐ 재사정	사례관리 수준	☐ 집중 ☐ 일반

<table>
<tr><th rowspan="2">우선 순위</th><th colspan="2" rowspan="2">제시된 욕구</th><th rowspan="2">합의된 목표</th><th rowspan="2">실천계획</th><th rowspan="2">빈도 (회/ 주)</th><th colspan="2">담당(기관(부서)/ 담당)</th><th rowspan="2">① 개입기간</th><th rowspan="2">① 평가</th></tr>
<tr><th>내부</th><th>외부</th></tr>
<tr><td rowspan="2">1</td><td colspan="2"></td><td rowspan="2"></td><td></td><td></td><td></td><td></td><td></td><td rowspan="2">☐ 달성(정도 :)
☐ 유지 ☐ 재계획
☐ 종결 ☐ 의뢰</td></tr>
<tr><td>욕구 수준</td><td>개입 전( )/
개입 후( )</td><td></td><td></td><td></td><td></td><td></td></tr>
<tr><td rowspan="2">2</td><td colspan="2"></td><td rowspan="2"></td><td></td><td></td><td></td><td></td><td></td><td rowspan="2">☐ 달성(정도 :)
☐ 유지 ☐ 재계획
☐ 종결 ☐ 의뢰</td></tr>
<tr><td>욕구 수준</td><td>개입 전( )/
개입 후( )</td><td></td><td></td><td></td><td></td><td></td></tr>
<tr><td rowspan="2">3</td><td colspan="2"></td><td rowspan="2"></td><td></td><td></td><td></td><td></td><td></td><td rowspan="2">☐ 달성(정도 :)
☐ 유지 ☐ 재계획
☐ 종결 ☐ 의뢰</td></tr>
<tr><td>욕구 수준</td><td>개입 전( )/
개입 후( )</td><td></td><td></td><td></td><td></td><td></td></tr>
</table>

<table>
<tr><th colspan="2" rowspan="2">② 가계도 및 생태도 개입 전 · 후 비교 사례</th><th>개입 전</th><th>개입 후</th></tr>
<tr><td></td><td></td></tr>
<tr><td rowspan="3">③ 평가결과에 대한 종합의견</td><td>클라이언트의 만족도</td><td colspan="2"></td></tr>
<tr><td>클라이언트의 변화 정도</td><td colspan="2"></td></tr>
<tr><td>사례관리자 평가</td><td colspan="2"></td></tr>
</table>

2) 평가보고서 작성방법

분 류	세부내용
개입 계획 가져오기	이용자 번호, 클라이언트 성명, 사례관리자, 우선순위, 제시된 욕구, 합의된 목표, 실천계획, 빈도(회/ 주), 담당기관 등 개입 계획에 작성된 자료를 가지고 와서 작성한다.
① 개입기간 및 평가	클라이언트의 제시된 욕구에 따른 목표를 달성하기 위해 진행한 서비스 개입기간을 기입하고, 목표달성 유무를 체크한다.
② 가계도 및 생태도	개입 전과 후를 비교할 수 있도록 클라이언트와 함께 가계도 및 생태도를 작성한다.
③ 평가결과에 대한 종합의견	사례관리과정에서의 클라이언트의 변화 정도 및 사례관리에 대한 만족 정도를 기입한다. 사례관리자가 사례관리 준비 및 계획, 진행과정에서의 평가를 기입한다.

3) 평가보고서 작성 예시

평가보고서

이용자 번호	2021-001호	성명	김희망	사례관리자	이동행	일시	2022.1.21.	유형	■ 신규 □ 재사정	사례관리 수준	■ 집중 □ 일반

우선순위	제시된 욕구	합의된 목표	실천계획		빈도(회/ 주)	담당(기관(부서)/ 담당)		① 개입기간	① 평가
			클라이언트	사례관리자		내부	외부		
1	"아들이랑 같이 사는 게 싫고 힘들어요. 어머니가 돌아가시면 혼자 살고 싶어요." 욕구수준: 개입 전 (10)/ 개입 후 (8)	안정적인 자녀양육 환경 조성 및 가족관계 개선	• 자녀에게 칭찬하기 • 화가 나더라도 올바르게 훈육하기	• 외부자원연계(자녀와의 의사소통)를 통한 훈육 방법 교육 • 클라이언트 자녀의 학업/ 가숙사 생활 확인 • 클라이언트 자녀의 건강상태 확인을 위한 병원 내방 • 클라이언트 자녀를 대상으로 개입 중인 여러 기관의 개입 내용 확인 및 기관 간 역할 조정	주1회	–	• 발달장애인지원센터 • 장애인부모회 • 특수학교 • 성문화인권센터 • ㅇㅇ병원	2021.1.18. ~ 2022.1.18. (1년)	■ 달성(정도 : 8) □ 유지 □ 재계획 □ 종결 □ 의뢰
2	"계속해서 일을 하고 싶어요." 욕구수준: 개입 전 (9)/ 개입 후 (10)	적합한 직종에 맞는 현장훈련 참여 및 취업(단기근로) 사업체 1개 이상	• 직업평가 및 현장훈련 참여 • 출퇴근 시 이용해야 하는 버스 노선도를 알아보고 혼자 탑승해보기(반복)	• 관내 전문직업평가 센터 의뢰 • 직업지원팀과 연계하여 클라이언트의 취업 지원	주 1회	• 관내 전문직업평가 센터 • 관내 직업지원팀 연계	• 직업재활시설 • 한국장애인고용공단	2021.1.18. ~ 2022.1.18. (1년)	■ 달성(정도 : 10) □ 유지 □ 재계획 □ 종결 □ 의뢰
3	"마을 사람들이 쉬지도 않고 계속 일을 시켜서 힘들어요." 욕구수준: 개입 전 (8)/ 개입 후 (4)	클라이언트와 마을 주민 간 관계회복을 통한 지역 내 보호 가능한 환경 조성	• 마을 주민들의 노동 요청 시 후견인에게 연락을 취해 해결 방안 모색하기	• 지역 내 장애인을 대상으로 노동착취와 관련된 유사 사례 확인 및 문제 해결을 위한 주민 교육 진행하기 • 통합사례회의를 통한 각 기관/ 이웃주민 간 역할 조정	주 1회	• 관내 지역 옹호팀 연계 권익옹호 활동 실시	• 장애인권익옹호기관 • 희망복지 지원단 • 행정복지센터 • ㅇㅇ파출소	2021.1.18. ~ 2022.1.18. (1년)	□ 달성(정도 : 4) □ 유지 □ 재계획 □ 종결 ■ 의뢰

<table>
<tr><td colspan="2" rowspan="2">② 가계도 및 생태도 개입 전·후 비교사례</td><td>개입 전</td><td>개입 후</td></tr>
<tr><td>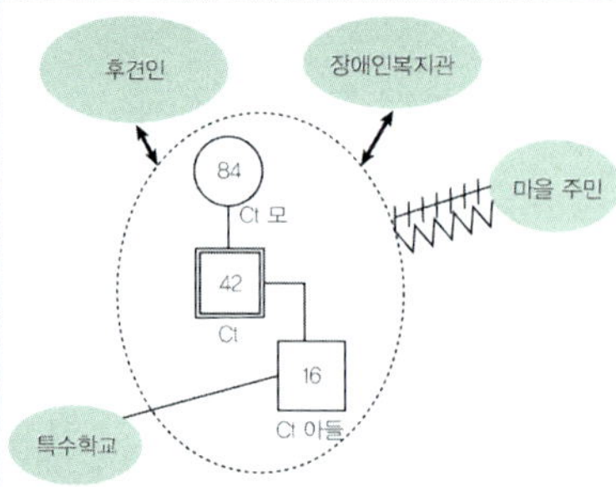
</td><td>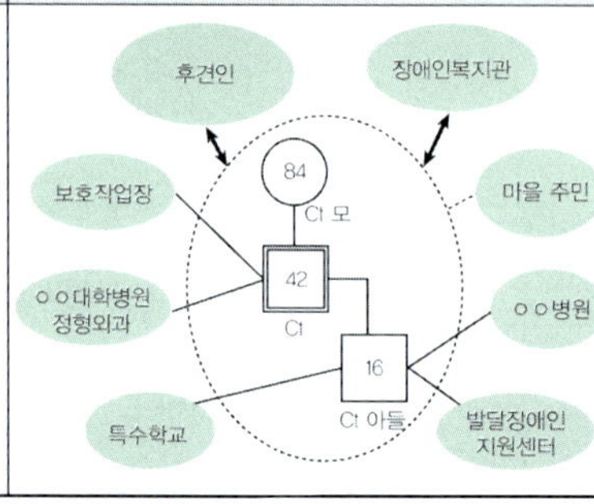
</td></tr>
<tr><td rowspan="3">③ 평가 결과에 대한 종합의견</td><td>클라이언트의 만족도</td><td colspan="2">• 클라이언트의 욕구에 맞는 서비스, 자원연계가 제공됨으로써 클라이언트의 만족도가 높았음.
• 클라이언트와 자녀의 생활 태도가 긍정적으로 변하였고, 클라이언트도 긍정적으로 자녀를 대하는 모습임.</td></tr>
<tr><td>클라이언트의 변화 정도</td><td colspan="2">클라이언트의 자녀를 대하는 태도에 긍정적인 변화뿐만 아니라 클라이언트 자녀의 학교 내에서의 문제행동도 많이 감소하였음. 주말에 집에 오게 되면 문제행동을 가끔 보이곤 함. 후견인, 담임교사와 정기적인 상담을 통해 모니터링을 진행하고 있음.
클라이언트는 전문직업평가를 통해 직업능력 정도를 파악하여 지역사회 내에 있는 장애인보호작업장에 취업하게 되었음. 숫자를 이미지화하여 대중교통훈련을 반복한 결과 스스로 출퇴근을 할 수 있게 되었음.
기관에서 문제상황에 개입 전 후견인이 지역 주민들과의 관계회복을 위해 상담을 실시하였으나 효과가 미비하였음. 문제상황이 지속되어 장애인권익옹호기관과 연계하여 권익옹호교육을 진행하였음. 마을 주민들이 클라이언트 가족을 대하는 태도는 점검 시보다 우호적이나 지속적인 점검이 필요해 보임.</td></tr>
<tr><td>사례관리자 평가</td><td colspan="2">클라이언트는 가족관계회복, 일자리 취업 등 1년 동안 문제해결을 위한 노력을 많이 하여 목표달성이 우수하게 이루어졌음. 또한 스스로의 의지가 강하고 목표를 유지할 수 있는 능력이 향상되었음.
이웃 주민과의 관계회복에 대해서는 장애인권익옹호기관과 연계해 지속적 모니터링을 하는 것으로 사후계획에 반영하고 사례관리를 종결하고자 함.
연계된 자원활용도가 높으며 클라이언트 주변의 다양한 관계가 형성되었음. 이에 클라이언트와 합의하여 종결하였음.</td></tr>
</table>

4) 종결보고서 양식

종결보고서

<table>
<tr><td>작성일</td><td></td><td>사례관리자</td><td colspan="2"></td></tr>
<tr><td>성명(성별)</td><td></td><td>생년월일</td><td colspan="2"></td></tr>
<tr><td>계약일</td><td></td><td>종결일</td><td colspan="2"></td></tr>
<tr><td rowspan="3">① 종결 유형 및 사유</td><td>유 형</td><td colspan="3">사 유</td></tr>
<tr><td>□ 클라이언트에 의한 종결</td><td colspan="2">□ 사망
□ 타 지역 이주
□ 거절이나 포기
□ 약속불이행
□ 기타( )</td><td>□ 시설입소
□ 목표달성
□ 상황호전
□ 타 기관 이용
(이용기관 :)</td></tr>
<tr><td>□ 사례관리자에 의한 종결</td><td colspan="3">□ 상호간의 관계형성의 어려움
□ 클라이언트의 소극적 참여</td></tr>
<tr><td>② 서비스 제공요약</td><td colspan="4"></td></tr>
<tr><td>③ 클라이언트 및 가족의 변화</td><td colspan="4"></td></tr>
<tr><td>④ 사례관리자 의견</td><td colspan="4"></td></tr>
<tr><td>⑤ 사후관리/ 의뢰계획</td><td colspan="4"></td></tr>
</table>

5) 종결보고서 작성방법

분 류	세부내용
① 종결사유	사례관리를 종결하게 된 궁극적인 사유(사례관리자나 기관에 의한 종결, 클라이언트에 의한 종결, 기타 사유 등)를 표시한다. 기타 사유의 경우 좀 더 구체적으로 기입한다. (예 타 기관 의뢰로 인한 종결 등으로 기입한다.)
② 서비스 제공요약	욕구에 근거하여 기관에서 제공된 서비스의 내용 및 회기 등을 기입한다.
③ 클라이언트 및 가족의 변화	사례관리 개입 전, 후 상황을 욕구 중심으로 비교 평가하여 클라이언트 및 가족, 주변 자원의 변화 등에 대해 기술한다. 이때 생태도, 기타 척도, 평가도구를 활용하여 객관적인 평가를 할 수 있다.
④ 사례관리자 의견	클라이언트의 환경변화나 욕구변화가 추가적으로 발생한 것이 있는지를 확인하여 작성하고, 사례관리 진행과정과 목표달성 지속성에 대한 클라이언트와 사례관리자의 의견을 작성한다. 향후계획에는 종결할 것인지, 추가 욕구가 발생하여 지속할 것인지 등에 대한 내용을 작성한다.
⑤ 사후관리/ 의뢰계획	종결 후 누가, 무엇을, 어떻게 사후관리할 것인지 계획하고 클라이언트의 동의를 얻은 후 기록하며, 타 기관/ 부서에 의뢰할 경우 의뢰 이유, 내용, 방법 해당 기관/ 부서명, 담당자명 등을 상세하게 기록한다.

6) 종결보고서 작성 예시

종결보고서

<table>
<tr><td>작성일</td><td>2022. 1. 26.</td><td>사례관리자</td><td>이동행</td></tr>
<tr><td>성명(성별)</td><td>김희망(남)</td><td>생년월일</td><td>1981. 12. 25.</td></tr>
<tr><td>계약일</td><td>2021. 1. 18.</td><td>종결일</td><td>2022. 1. 26.</td></tr>
<tr><td rowspan="3">① 종결유형 및 사유</td><td>유 형</td><td colspan="2">사 유</td></tr>
<tr><td>■ 클라이언트에 의한 종결</td><td colspan="2">□ 사망 □ 시설입소
□ 타 지역 이주 ■ 목표달성
□ 거절이나 포기 □ 상황호전
□ 약속불이행 □ 타 기관 이용
□ 기타( ) (이용기관 :)</td></tr>
<tr><td>□ 사례관리자에 의한 종결</td><td colspan="2">□ 상호간의 관계형성의 어려움
□ 클라이언트의 소극적 참여</td></tr>
<tr><td>② 서비스 제공요약</td><td colspan="3">• 타 기관과 연계하여 가족관계 개선 프로그램 진행(사회복지공동모금회 자녀양육교육 사업 참여, 심리치료센터 모래놀이 치료 등)
• 직업재활시설 및 지역사회 내 사회적기업과 연계하여 일자리 지원(직업재활시설, ㅇㅇ공동체협동조합–텃밭가꾸기 등)
• 지역사회 내 내 · 외적 자원연계를 통한 권익옹호 활동(장애인권익옹호기관, 행정복지센터–마을 주민교육 및 주민상담, 한국장애인복지관협회 – 발달장애인시민옹호지원사업 시민옹호인 연계)</td></tr>
<tr><td>③ 클라이언트 및 가족의 변화</td><td colspan="3">• 기관에서 문제상황에 개입 전 후견인이 지역 주민들과의 관계회복을 위해 상담을 실시하였으나 효과가 미비하였음. 문제상황이 지속되어 장애인권익옹호기관과 연계하여 권익옹호교육을 진행하였음. 마을 주민들이 클라이언트 가족을 대하는 태도에 큰 변화는 없음. 공식, 비공식 자원을 연계하여 문제상황에 대해 집중적인 개입이 이루어짐. 마을 주민들과의 관계가 지난 점검 시보다 개선되었음을 확인하였음.
• 클라이언트의 자녀를 대하는 태도에 긍정적인 변화뿐만 아니라 클라이언트 자녀의 학교 내에서의 문제행동도 많이 감소하였음. 주말에 집에 오게 되면 문제행동을 가끔 보이기는 하지만 큰 문제는 발생하지 않고 있음. 이에 후견인, 담임교사와 정기적인 상담을 통해 모니터링을 진행하고 있음.</td></tr>
<tr><td>④ 사례관리자 의견</td><td colspan="3">• 클라이언트는 1년 동안 문제해결을 위한 노력을 많이 하였으며, 가족관계와 일자리지원부문의 목표달성이 우수하게 이루어졌음. 스스로의 의지가 강하고 목표를 유지할 수 있는 능력이 향상되었음.
• 연계된 자원활용도가 높으며 클라이언트 주변의 다양한 관계가 형성되었음. 이에 클라이언트와 종결을 합의하여 결정하였음.</td></tr>
<tr><td>⑤ 사후관리/의뢰계획</td><td colspan="3">• 사례종결 후, 2개월 뒤, 클라이언트 전화 상담(직업재활시설 근무 현황 관련)
• 1차 사후관리 후, 2개월 뒤, 클라이언트 전화 상담(마을 주민과의 관계 관련)
• 2차 사후관리 후, 2개월 뒤, 클라이언트 전화 상담(가족관계 개선 현황 관련)
→ 클라이언트 안부확인 및 지지체계 여부 파악, 사후관리는 6개월 동안 총 3회 전화 상담으로 진행할 계획임.</td></tr>
</table>

7) 사후관리보고서 양식

사후관리보고서

<table>
<tr><td>작성날짜</td><td colspan="2"></td><td>사례관리자</td><td></td></tr>
<tr><td>성명(성별)</td><td colspan="2"></td><td>생년월일</td><td></td></tr>
<tr><td>계약일</td><td colspan="2"></td><td>종결일</td><td></td></tr>
<tr><td rowspan="3">① 1차
사후관리</td><td>상담일</td><td></td><td>방 법</td><td>□ 전화 □ 내방 □ 방문 □ 기타</td></tr>
<tr><td>상담대상</td><td colspan="3">□ 클라이언트 □ 가족 □ 기타( )</td></tr>
<tr><td>상담내용</td><td colspan="3"></td></tr>
<tr><td rowspan="3">① 2차
사후관리</td><td>상담일</td><td></td><td>방 법</td><td>□ 전화 □ 내방 □ 방문 □ 기타</td></tr>
<tr><td>상담대상</td><td colspan="3">□ 클라이언트 □ 가족 □ 기타( )</td></tr>
<tr><td>상담내용</td><td colspan="3"></td></tr>
<tr><td rowspan="3">① 3차
사후관리</td><td>상담일</td><td></td><td>방 법</td><td>□ 전화 □ 내방 □ 방문 □ 기타</td></tr>
<tr><td>상담대상</td><td colspan="3">□ 클라이언트 □ 가족 □ 기타( )</td></tr>
<tr><td>상담내용</td><td colspan="3"></td></tr>
<tr><td>②
사례관리자
의견</td><td colspan="4"></td></tr>
<tr><td>③ 추후계획</td><td colspan="4">□ 재개입 □ 타 기관 의뢰 □ 종결 확정 □ 기타( )</td></tr>
</table>

8) 사후관리보고서 작성방법

분 류	세부내용
① 사후관리	사례관리 종결 후 6개월 정도 진행하며, 종결사례에 대한 종결 시점 이후 변화에 대한 안정화 여부를 기입한다.
① 현 상황요약	가장 중요한 부분으로 클라이언트의 변화의 안정화 상황을 평가하여 상담내용에 기입한다.
② 사례관리자 의견	현재 클라이언트의 안정화 여부를 확인하여 종결확정 또는 재개입의 가능성 여부를 기입한다.
③ 추후계획	사후관리과정 중 클라이언트의 어려움이나 욕구 발생으로 사례관리가 필요한 경우 클라이언트와 사례관리 재진행 여부(재개입, 타 기관 의뢰, 기타 등)에 대해 논의한다. 클라이언트에게 어려움이나 욕구 발생이 없을 경우에는 종결확정을 하고, 클라이언트의 기타(사망, 주거지 이전 등) 사유를 기입한다.

9) 사후관리보고서 작성 예시

사후관리보고서

<table>
<tr><td>작성날짜</td><td colspan="2">2022. 6. 3.</td><td>사례관리자</td><td>이동행</td></tr>
<tr><td>성명(성별)</td><td colspan="2">김희망(남)</td><td>생년월일</td><td>1981. 12. 25.</td></tr>
<tr><td>계약일</td><td colspan="2">2021. 1. 18.</td><td>종결일</td><td>2022. 1 .26.</td></tr>
<tr><td rowspan="3">① 1차
사후관리</td><td>상담일</td><td>2022. 3. 25.</td><td>방 법</td><td>■ 전화 □ 내방 □ 방문 □ 기타</td></tr>
<tr><td>상담대상</td><td colspan="3">■ 클라이언트 □ 가족 □ 기타( )</td></tr>
<tr><td>상담내용</td><td colspan="3">• 클라이언트는 복지관에서 연계해 준 직업재활시설에서 잘 적응하고 있다고 하였음.
• 복지관에서 연계해 준 활동보조인 선생님이 잘해준다고 함. 또한 아들과 함께 지내는 것은 조금 어렵지만 복지관에서 참여한 프로그램에서 알려준 방법으로 아들을 대하고 있음. (욕하지 않기, 때리지 않기 등)
• 추후 클라이언트, 클라이언트 가족에게 문제 발생 시 사례관리 담당자에게 전화상담 요청하라고 안내하였음.</td></tr>
<tr><td rowspan="3">① 2차
사후관리</td><td>상담일</td><td>2022. 5. 26.</td><td>방 법</td><td>■ 전화 □ 내방 □ 방문 □ 기타</td></tr>
<tr><td>상담대상</td><td colspan="3">■ 클라이언트 □ 가족 □ 기타( )</td></tr>
<tr><td>상담내용</td><td colspan="3">• 클라이언트는 복지관 선생님과 권익옹호기관 선생님들이 도와줘서 마을 사람들이 괴롭히지 않아 너무 좋다고 함. 농사일이나 집안일을 하지 않아서 좋다고 함.
• 추후 마을 주민들의 노동착취, 클라이언트 가족에게 문제 발생 시 사례관리 담당자에게 전화 상담 요청하라고 안내하였음.</td></tr>
<tr><td rowspan="3">① 3차
사후관리</td><td>상담일</td><td>2022. 6. 3.</td><td>방 법</td><td>□ 전화 □ 내방 ■ 방문 □ 기타</td></tr>
<tr><td>상담대상</td><td colspan="3">■ 클라이언트 □ 가족 □ 기타( )</td></tr>
<tr><td>상담내용</td><td colspan="3">• 공공후견인으로부터 클라이언트에게 다시 문제가 발생했다는 전화를 받고, 바로 클라이언트 가정에 방문하였음.
• 클라이언트의 자녀와의 다툼으로 인해 클라이언트가 허벅지 부상을 당했다고 함. 이에 문제가 다시 발생하여 사례회의를 진행하기로 함.</td></tr>
<tr><td>② 사례
관리자
의견</td><td colspan="4">• 클라이언트의 세대 구성원 모두 지적장애 및 경계성 지능장애를 지니고 있어 기본적인 일상생활의 어려움 외에도 복합적이고 다양한 욕구를 가지고 있었음. 사례관리 기간 동안 지역사회 내 지지체계 확립 및 가족관계 개선에 긍정적 변화를 목표로 사례관리를 진행하였고, 목표달성하여 사례관리를 종결하였음. 사후관리 중 클라이언트에게 문제가 발생하여, 새로운 목표수립과 사례관리 재개입이 필요하다고 사료됨.</td></tr>
<tr><td>③ 추후
계획</td><td colspan="4">■ 재개입 □ 타 기관 의뢰 □ 종결 확정 □ 기타( )</td></tr>
</table>

토론하기

1. 사례관리과정 중 사후관리의 필요성에 대해서 토론해 봅시다.

2. 사례관리 연습하기에서 나온 예시를 참고하여 클라이언트의 사례 종결 여부에 대해서 조별로 설명해 봅시다.

PART 03

현장기반 사례관리 실습

CHAPTER 12. 사례관리과정 훈련

CHAPTER 12

사례관리과정 훈련

이 장은 사회복지현장 사례를 기반으로 소집단을 구성하여 클라이언트, 사례관리자, 슈퍼바이저 등의 역할극을 통해 사례관리 과정별로 구분하여 실습을 진행해 보고 소감을 나누고 과정별로 기록해 보는 훈련에 중점을 두고자 한다.

사례 1. 통합사례관리 '나 혼자가 아닌 우리로'

1) 사례관리자의 이야기

나는 매년 사례관리 업무를 해오고 있지만, '죽음'이라는 단어는 항상 어렵고, 두려운 단어이다.

그런데 한 클라이언트가 내게 다가와 "너무 죽고 싶어요, 살아가는 이유도 없고 나도 그 사람처럼 죽고 싶어요."라고 했다. 사랑하는 사람의 자살 목격과 그로 인한 트라우마, 생계수단 상실에 대한 충격이었다.

이것이 나와 클라이언트의 첫 만남이다.

'정말 어르신이 잘못되면 어떻게 하지? 내가 과연 사례관리를 할 수 있을까? 내가 어떤 사람 인생에서 도움이 되는 존재가 될 수 있을까?'라는 고민이 되기 시작했다. 나는 서울행복구청 희망복지지원단 주무관과 함께 민관통합사례관리를 하게 되었다.

그렇게 용기를 가지고 클라이언트에게 한 발 내밀기로 했다. "똑똑똑, 어르신, 복지관 김 선생입니다." 이흐름 님은 귀찮은 듯이 쳐다봤다. "별로 이야기하고 싶지 않아요. 다음에 오세요."

나는 매일 같이 이흐름 님 집으로 찾아갔다. 그러던 어느 날 드디어 이흐름 님과 이야기를 하기 시작했다.

이흐름 님 말씀에 의하면, "젊은 시절, 일찍 결혼하여 남부럽지 않게 가정을 꾸려 3명의 딸과 배우자와 함께 잘 지내고 있었지. 내가 욕심을 부려 다른 사업을 하기 시작했고, 기존에 하던 가구 회사는 아내가 경영을 맡으면서 모든 것이 달라지기 시작했어. 가구 회사가 망하고 빚만 잔뜩 있게 되었지. 그렇게 해서 나는 이혼을 하게 되었고, 자녀들과도 헤어지게 되었어. 그리고 자녀들은 나를 많이 원망하게 되었지…. (한숨과 잠시의 침묵)

그러다가 아는 여인과 우리 동에서 자리를 잡고, 그 사람이 운영하는 식당을 도와주며 10년 동안 살았어. 근데 갑자기 그 사람이 스스로 세상을 떠난 거야. 밥을 하고 있는 줄 알았는데, 움직이지 않고 있었어. 농약을 대야에 잔뜩 부어서 얼굴을 담근 채로 죽어 있었던 거야. 나는 그걸 보았고 그 후로 심각한 후유증이 생겼어. 계속 그 장면만 생각이 나는 거야. 그때부터 나는 죽고 싶다는 생각을 하게 되었어. 죽을 각오를 하고 밥을 굶고, 술로 배를 채웠지. 그래도 안 죽는 거야. 그래서 다시 자살시도를 했지. 집 안에 가스를 살포했는데, 웬걸 누가 문을 열었네. 그렇게 해서 또 실패했어. 그리고 일주일 뒤에 약을 먹고 자살시도를 했지. 근데 또 누가 날 찾아왔어. 그래서 나는 죽는 것과 인연이 아닌가 보다라는 생각을 하게 되었어. 그렇게 그냥 흐르는 강물처럼 살다 죽겠다라는 생각으로 여기까지 왔어. 근데 이렇게 선생님들이 매일 같이 찾아오고, 나를 이상한 사람으로 보지 않고 내 이야기를 들어주니 나도 뭔가 달라져야겠다라는 마음을 먹게 되었어."

이흐름 님의 긴 이야기를 듣고, 나는 생각에 잠기게 되었다. 클라이언트는 독거어르신으로 건강 및 경제상황에 따른 직접적인 자살시도가 있었으며, 신체 · 정신건강, 경제, 알코올 문제, 주거 등 모든 영역에서 어려움이 관찰되어 문제가 많다고 생각했는데, 내가 너무 성급하게 어르신에 대한 편견에 사로잡혀 있지 않았을까 하는 생각을 하게 되었다.

사례 개입 초반에 자문(솔루션)회의에서 받았던 내용들이 떠올랐다. 내가 클라이언트보다 걱정에 앞서기만 했고, 빨리 문제를 해결하기 급급했던 것은 아닐까?

알코올 문제가 있는 분은 '믿고 기다려 주는 시간'이 필요하다고 했는데, 그걸 하지 않았던 것은 아닐까? 라는 생각을 하게 되었다.

이에 이흐름 님과 함께 해나가야 할 일에 대해서 이야기를 해보았다.

"술을 너무 먹어서, 건강이 걱정돼요."

"무허가 건물이어서 안 되는 건 알지만, 식당 하려고 투자한 돈이 아까워서라도 식당을 하고 싶어요."

"염치없지만 죽기 전에 딸들의 얼굴을 한 번만 보고 싶어요."

"돈도 없고, 어떻게 살아야 할지 막막해요."

클라이언트는 생각보다 생계유지에 강한 의지를 보였고, 스스로 본인 이야기와 자살시도에 대해 직접적으로 언급하였으며 이에 대한 서비스 개입을 요청하였다. 이러한 시도는 당사자가 힘들고 어려운 상황에 처해 있음에도 살고자 하는 의지를 가지고 있는 것으로 생각되어, 문제가 아닌 당사자의 강점을 중심으로 일상생활 지원, 지지체계 형성, 회복을 위한 지속적인 서비스 연계 및 모니터링 등의 사례관리 개입을 진행하였다.

따뜻한 봄에 만났던 이흐름 님을 설득하는 일은 쉽지 않았지만, 뜨거운 여름만큼이나 열정적이었던 나의 마음이 이흐름 님을 변화하게 만들었다.

나는 매일 같이 도시락을 가지고 이흐름 님을 만났다. 가끔은 이흐름 님이 알코올을 섭취하여 병원진료에 차질이 생기는 경우도 있었지만, 변화 가능성을 믿고 이흐름 님이 심리치료와 일상생활에 집중할 수 있도록 많은 부분 신경을 썼다. 또한 서울행복구청 희망복지지원단에서는 기초생활수급선정과 주거지 문제(무허가 건물)에 대한 부분을 지원해 주었다.

10개월이 지난 후 클라이언트 주변에는 각종 사회복지제도와 인적, 물적 자원이 늘어났다. 또한 알코올 섭취를 줄여나갔으며, 병원치료도 꾸준히 받기 시작했다. 그리고 매일 복지관에 나와서 다른 어르신들과 장기바둑을 두고 계시며, 정서지원, 일상지원 서비스를 받고 계셨다. 또한 장기목표였던 막내 자녀와 연락이 되어, 이사한 집에 방문하기로 했다는 기쁜 소식도 들었다.

마지막 종결파티 때 이흐름 님은 사례관리자들에게 "김 선생, 윤 선생, 내가 힘든 시기에 김 선생과 구청 윤 선생을 만나지 않았더라면 나는 이 자리에서 이렇게 선생님과 이야기하지도 못했을 것 같아. 흐르는 강물처럼 살다 죽으려고 했던 나에게 평화로운 삶을 살 수 있도록 해줘서 고맙고, 살려줘서 진심으로 고마워."라고 했다. 모두의 눈에는 눈물이 쏟아질 것 같았지만, 손을 꽉 움켜쥐며 참았던 것 같다.

사후관리 기간에는 클라이언트 동의하에 우수사례로 선정되어 통합사례관리 이야기책도 발간하였고, 구청장 표창도 받았다. 또한 공중파 방송에도 출연하고, 시즌 농구 관람권도 받고, 나들이도 다녀오며 클라이언트와 행복한 일상을 함께하며 사후관리까지 종료하였다.

사례종결 후, 클라이언트는 더 이상 '위기 사례관리세대'가 아닌 서비스 제공만 받는 '재가복지세대'로 일상을 잘 유지하고 있었다.

이렇게 행복한 일상만 가득 될 줄 알았던 어느 날, 도시락 배달 어르신은 얼굴이 하얗게 질려 복지관으로 다시 돌아왔다. "선생님... 이흐름 님 집에 갔는데, 아무리 벨을 눌러도 안 나오고 전화도 안 받아서 계속 서 있었는데요. 옆집 이웃이 나와서 주말 사이에 이상한 냄새가 나는 것 같다고 하더라고요. 그래서 선생님께 알려 드려야 할 것 같아서 왔어요." 나는 혹시 모르는 불안함에 서울우리동주민센터 담당 주무관에게 연락하여, 경찰 동행하에 이흐름 님 집에 도착하였다.

아니길 바랐지만, 이흐름 님은 복용 중이던 정신과 약으로 자살시도를 했고, 먼 여정을 떠났다.

당장이라도 눈물이 쏟아질 것 같았지만, 클라이언트를 담당했던 사례관리자로서 침착하게 서울우리동주민센터 담당 주무관, 경찰, 119 구급대원, 희망복지지원단 담당과 함께 행정처리와 장례절차를 밟았다. 결국 나와 함께 누구보다 열정을 다했던 희망복지지원단 담당 선생님은 눈물을 쏟았다.

나는 종결 후 이흐름 님의 목소리 한번 듣지 못했던 것과 세심하게 다시 살펴보지 못했다는 죄책감이 끊임없이 밀려왔다. 우수사례라고 표창까지 받았던 나 자신이 너무 한심했고, 한동안은 잠도 자지 못하였다. 책상에만 앉으면 죄책감이 들어 더 이상 사례관리 업무를 할 수 없는 지경까지 이르고 있었다.

복지관의 선배 사회복지사(관리자)들은 이런 나를 걱정했고, 서울사회복지사협회에 있는 위기대응강화사업에 나를 참여시켰다. 나는 점차 심리적으로 회복이 되어 갔고, 현재는 다시 펜과 다이어리를 들고 다른 클라이언트들을 만나며 희망을 주고 살아가고 있다. 또한 나와 같은 아픔을 겪는 동료, 후배들을 대변해서 위기대응체계 구축 등 다양한 활동들을 하며 사회복지사의 안전과 인권보장을 위한 일도 하게 되었다. 이런 활동을 하면서 클라이언트가 나에게 또 다른 경험과 선물을 주고 간 것이라고 믿으며, 자신을 격려할 수 있었고, 지금도 이렇게 글을 쓰고 있다.

나는 예비 사회복지사 때는 죽음에 대한 공부와 이런 경험적 이야기를 많이 듣지 못해서 이번 사례관리를 하면서 더욱 죄책감에 시달렸던 것 같다. 내가 많은 사례관리자들을 만나면서 들은 말이 있다. '알코올중독, 자살, 저장강박증'과 같은 반복되는 사례관리의 3대 문제에 대해 사례관리자가 최선을 다하는 자세는 반드시 필요하나, 죄책감을 가지지는 말았으면 좋겠다는 것이다.

많은 사례 중에서 이흐름 님의 사례를 예로 든 것은 예비 사회복지사들이 간접적으로나마 이런 사례를 접해보면 좋을 것 같아서였다. 몹시 힘들었지만, 이 사례를 통해 나는 한층 단단해지고 성장할 수 있었다. 무엇보다 최선을 다했는데도 결국 자살을 막지 못한 죄책감에 시달렸던 것은 한편으로는 큰 깨달음의 시간이었다는 생각도 든다. 내 손이 미다스의 손이라고 착각하지 않았을까 하는 자기 성찰의 시간을 가져다주었기 때문이다. 죄책감에 빠져 클라이언트를 내팽개치는 것은 일종의 직무 유기일지 모른다. 클라이언트의 곁을 지키는 것이야말로 다른 사람 아닌 우리 사회복지사의 일이라는 생각이 든다.

사례관리자에 의한 일방적인 '사례관리'가 아닌, 클라이언트와 사례관리자가 '함께하는 사례관리'를 할 수 있게 해준 클라이언트와 나의 이야기였다.

2) 사례개요

(1) 사례제목 : 흐르는 강물처럼 살아보기로 했다. '나 혼자가 아닌 우리로'

이흐름 님은 20년 전 이혼하여 가족과는 단절된 상황이지만, 막내 자녀가 건강보험 피부양자로 등록하여 복지 혜택을 전혀 받고 있지 않은 상태였음. 10년 넘게 식당을 함께하던 연인의 도움으로 생계를 유지하고 있었음.

2018년 1월 초, 연인의 자살을 당사자가 목격하여 그 충격과 트라우마, 고독감 등으로 2회의 자살시도를 했으며, 알코올 의존, 치료약 중단 등 삶을 포기한 채 지내 왔음.

그러던 중 오랜 친구의 도움으로 주차장을 개조한 위반 건축물을 임대하여 식당을 하고자 하였고, 식당 내부에는 별도의 주거 공간이 없어 식당 공간 일부를 개조하여 숙식하고 있음. 3개월 치 월세 미납 및 생계가 어려워지면서, 식당을 개업하려고 했으나, 위반 건축물에 불법 영업을 하면 과태료가 생길까 걱정하고 있으며, 건강도 악화되어 현실적으로 운영이 어려울 것으로 생각하면서도 전 재산을 털어 투자한 시설비를 생각하면 식당운영을 하고 싶어 갈등하고 있었음.

2018년 4월 말, 이흐름 님이 만 70세가 되자 서울우리동주민센터의 어르신플래너의 의무방문으로, 위의 사실을 알게 되었음. 민관통합사례회의를 통해 서울행복구청 희망복지지원단과 시립희망노인종합복지관 공동사례관리를 진행하기로 하였음.

우선적으로 사례관리자는 이흐름 님의 욕구를 파악하고, 이흐름 님의 현재 상황을 인지할 수 있도록 하여, 합의된 목표에 따라 사례개입을 진행하였음.

신체적, 정신적 건강에 대한 의료적 지원을 받을 수 있도록 하고, 알코올 문제, 의식주 문제, 경제적 어려움을 해결하여 일상생활을 유지할 수 있도록 함. 이에 사례관리자는 일상생활 지원 및 지지체계 형성, 정서적 회복을 위한 지속적인 모니터링 및 서비스를 제공하였음.

(2) 발굴 및 의뢰경로

서울우리동주민센터 어르신플래너를 통해 발굴되었음. 복합적인 위기 가구로 민관통합사례를 통해 행복구청 희망복지지원단과 시립희망노인종합복지관 공동사례관리를 진행하기로 함.

(3) 사례관리 기간

2018년 5월 ~ 2019년 2월(총 10개월)

(4) 클라이언트 정보

<table>
<tr><td>가구유형</td><td>독거노인가구</td><td rowspan="4">(가계도)
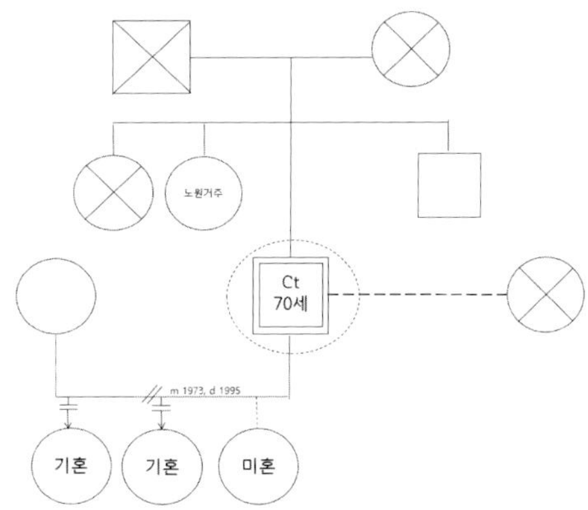
</td></tr>
<tr><td>가족사항</td><td>본인</td></tr>
<tr><td>경제사항</td><td>기초연금 20만 원</td></tr>
<tr><td>주거사항</td><td>무허가/ 월세
(보증금 1,000만 원, 80만 원)</td></tr>
<tr><td>건강사항</td><td colspan="2">고혈압, 망막질환, 안검하수증, 위장질환, 간/ 담도질환, 당뇨병, 우울증, 알코올 의존</td></tr>
<tr><td>강점 및
사회적 자원망</td><td colspan="2">스스로 일상생활을 유지하려고 하는 욕구가 있음.
해당 동에 오래 거주하여, 주변에 이웃들이 많음.</td></tr>
<tr><td>위기도</td><td colspan="2">※ 위기도 조사 총 26점
(신체건강 4점, 정신건강 4점, 일상생활 3점, 가족관계 3점, 경제 5점, 고용 1점, 생활환경 6점)
→ 죽음에 대한 트라우마, 자살시도, 고독감 등의 정신·건강 문제, 생계 수단 상실의 경제적 문제, 당뇨와 허약의 건강 문제, 비주거시설 거주형태의 주거 문제 등에서 위기도 정도가 높게 사정됨</td></tr>
</table>

(5) 문제 및 욕구

유 형	내 용
건강	■ 주요 욕구 신체·정신 건강에 대해 파악하고 그에 맞는 치료를 받고 싶다. ■ 장애물 경제적 빈곤, 가족관계 단절
일상생활 유지	■ 주요 욕구 *(여러분이 직접 작성해 봅시다.)* ■ 장애물 *(여러분이 직접 작성해 봅시다.)*
경제	■ 주요 욕구 경제적 어려움이 해소되고 금액이 적더라도 안정적인 수입이 있었으면 좋겠다. ■ 장애물 신체·정신 건강 문제
가족관계	■ 주요 욕구 *(여러분이 직접 작성해 봅시다.)* ■ 장애물 오랜 단절 기간(23년)
생활환경	■ 주요 욕구 비주거시설에서 임시 거처하는 상황으로 주거지를 이전하고 싶다. ■ 장애물 무허가 건물

(6) 목표

단기목표	장기목표
• 신체·정신 건강에 대해 파악함으로써 그에 맞는 의료적 지원을 받을 수 있도록 한다. • 지속적인 지지상담을 통해 심리·정서를 회복할 수 있도록 한다. • 음주, 식생활 문제를 해결하고, 지속 가능한 일상생활을 유지하도록 한다. • 경제적 어려움을 해소하고, 기초 생계를 유지할 수 있도록 한다.	• 비주거시설에서 임시 거처하는 상황으로 주거지를 이전할 수 있도록 한다. • 단절된 가족관계를 회복할 수 있도록 한다.

(7) 개입과정

합의된 목표	서비스 내용	진행사항
신체·정신 건강에 대해 파악함으로써 그에 맞는 치료를 받을 수 있도록 한다.	건강검진 및 진료	진료비 전액 감면지원
	의료비 지원 마련	긴급복지 지원
	안과 수술비 마련	○○안과 연계 수술비 지원
지속적인 지지상담을 통해 심리·정서를 회복할 수 있도록 한다.	상담평가, 심리치료 진행	목표달성으로 심리치료 연계 종료
	체험활동 지원	사업종료에 따른 지원 완료
	안심도우미 연계, 사회복지사 모니터링	매일(월~금) 지속적으로 안부 확인
음주, 식생활 문제를 해결하고, 지속 가능한 일상생활을 유지하도록 한다.	도시락 지원	2018. 5. 31. ~ 현재
	일상생활 지원 (목욕, 중식, 나들이 등) 기타생활용품 지원	2018. 5. 31. ~ 현재 복지관 이용자 등록, 복지관 프로그램 이용
	일상생활 훈련 및 교육	목표달성으로 종료
	기타생활용품 지원	목표달성으로 종료
경제적 어려움을 해소하고, 기초생계를 유지할 수 있도록 한다.	기초생활수급자 신청	기초생활수급자 선정
	공동모금회 후원(지정기탁) 현물	목표달성으로 종료
비주거시설에서 임시 거처하는 상황으로 주거지를 이전할 수 있도록 한다.	임대주택 지원	임대주택 신청 및 선정, 주거지 이전
	사회복지법인 ○○재단 임대보증금 지원	당사자 개인 부담으로 미지원
	법률상담 및 지원	주거안정을 위한 임대차 관련 법률 지원
단절된 가족관계를 회복할 수 있도록 한다.	단절된 가족에게 연락하기	둘째 자녀와 연락, 가족 연락 체계 형성

3) 실습 양식

[연습하기 1]

사례관리 초기 면접지

<table>
<tr><td colspan="2">접수번호</td><td></td><td>상담일자</td><td colspan="2"></td><td>(　　) 상담</td></tr>
<tr><td colspan="2">상담자</td><td colspan="2">(인)</td><td>소 속</td><td colspan="2"></td></tr>
<tr><td colspan="2">접수경로</td><td colspan="5">□대상자 요청(　　　　)
□사례관리자 발굴(　　　　)
□기관 내부 의뢰(　　　　) □타 기관 의뢰(　　　　)
□지역주민 등 의뢰</td></tr>
<tr><td colspan="2">의뢰사유</td><td colspan="5"></td></tr>
<tr><td colspan="2">상담유형</td><td colspan="5">□내방 □가정방문 □전화 □기타</td></tr>
<tr><td rowspan="8">대
상
자</td><td>성 명</td><td></td><td>성 별</td><td>□남 □여</td><td>생년월일</td><td></td></tr>
<tr><td>주 소</td><td colspan="3"></td><td>연락처</td><td></td></tr>
<tr><td>보 호
대 상</td><td colspan="5">□일반수급 □조건부수급 □저소득/ 차상위 □국가유공자 □일반</td></tr>
<tr><td>세 대
유 형</td><td colspan="5">□일반 □부자 □모자 □장애인 □조손세대 □노인세대 □소년소녀가정
□기타(　　　　)</td></tr>
<tr><td>의 료
보 험</td><td colspan="5">□의료보호 1종 □의료보호 2종 □건강보험</td></tr>
<tr><td rowspan="2">건 강</td><td colspan="3" rowspan="2">□양호 □보통 □허약</td><td>질 병</td><td></td></tr>
<tr><td>장애유형</td><td></td></tr>
<tr><td>주 거
유 형</td><td colspan="5">□자가 □전세 □월세 □임대주택 □무상임대 □기타(　　　　)</td></tr>
<tr><td rowspan="4">가
족
사
항</td><td>관 계</td><td>성 명</td><td>연 령</td><td>직 업</td><td>동거 여부</td><td>기타
(가구원 문제)</td></tr>
<tr><td></td><td></td><td></td><td></td><td></td><td></td></tr>
<tr><td></td><td></td><td></td><td></td><td></td><td></td></tr>
<tr><td></td><td></td><td></td><td></td><td></td><td></td></tr>
<tr><td colspan="2">대상자의
욕구 · 문제</td><td colspan="5"></td></tr>
<tr><td colspan="2" rowspan="2">상담자 의견</td><td colspan="5"></td></tr>
<tr><td colspan="5">〈대상 적합 여부〉
□사례관리 대상 □서비스 연계 대상 □미선정 대상</td></tr>
</table>

[연습하기 2]

사례관리 사정표

<table>
<tr><td>사례번호</td><td></td><td>클라이언트</td><td></td><td>사례관리자</td><td></td></tr>
<tr><td>사정일</td><td colspan="2"></td><td>사정유형</td><td colspan="2">☐신규 ☐재사정(차)</td></tr>
<tr><td colspan="6">1. 인적사항</td></tr>
<tr><td>성 별</td><td colspan="2">☐남 ☐여</td><td>나 이</td><td colspan="2">세</td></tr>
<tr><td>직업</td><td colspan="2"></td><td>학 력</td><td colspan="2"></td></tr>
<tr><td>주 소</td><td colspan="2"></td><td>연락처</td><td colspan="2"></td></tr>
<tr><td>주거형태</td><td colspan="5">☐ 아파트 ☐ 다세대/ 연립 ☐ 단독주택 ☐ 무허가/ 비닐하우스
☐ 여관, 고시원, 쪽방 ☐ 기타( )</td></tr>
<tr><td>주거상태
(중복응답)</td><td colspan="5">☐ 양호 ☐ 노후 ☐ 악취/ 불결 ☐ 긴급보수 요함 ☐ 한파 취약
☐ 환기부족 ☐ 채광부족 ☐ 기타( )</td></tr>
<tr><td rowspan="2">경제상황</td><td>월수입</td><td colspan="4">월 원
(수급액 원 + 개인소득 원 + 기타 원)</td></tr>
<tr><td>월지출</td><td></td><td>부 채</td><td colspan="2"></td></tr>
<tr><td colspan="6">2. 개인력 및 가족력</td></tr>
<tr><td colspan="6">1) 개인력

2) 가족력</td></tr>
<tr><td colspan="6">3. 가계도 및 생태도</td></tr>
<tr><td colspan="3">1) 가계도</td><td colspan="3">2) 생태도</td></tr>
<tr><td colspan="3"></td><td colspan="3"></td></tr>
</table>

4. 자 원

1) 개인적 자원

2) 비공식적 자원

3) 공식적 자원

5. 욕구사정/ 위기도 사정

구 분	1) 욕구내용	2) 위기도 점수
① 안전		
② 건강		
③ 일상생활 유지		
④ 가족관계		
⑤ 사회적 관계		
⑥ 경제		
⑦ 교육		
⑧ 고용		
⑨ 생활환경		
⑩ 법률 및 권익 보장		
⑪ 기타		

6. 요청 서비스 내용

7. 사례관리자 의견

1) 총 위기도 점수 : 2) 대상자 구분 :

[연습하기 3]

사례관리 서비스 계획표

사례번호		클라이언트	
사례관리자		작성일	년 월 일
장기목표			

서비스 계획

순위	욕구영역	욕구내용	단기목표	서비스명	제공기관	담당자	횟수 (주/ 월)	개입기간
1								
2								
3								
4								
5								

사례관리 동의서

귀하와 합의된 내용 이외의 목적으로 개인정보가 누출되지 않도록 하겠습니다. 모든 사례관리 내용은 귀하와 합의하에 진행하도록 하겠습니다. 본 기관은 귀하의 사회복지욕구를 해결하기 위해 최선의 사례관리 서비스를 제공하도록 노력하겠습니다. 사례관리자 (인)	본인은 사례관리 서비스의 계획 및 진행내용에 대한 설명을 충분히 듣고 이해했습니다. 본인은 계획된 목표를 성취하기 위해 적극적으로 참여하고 협력하겠습니다. 본 동의서 작성일로부터 귀 기관의 사례관리 서비스를 제공받는 것에 동의합니다. 성명 (인) 보호자 (인)

20 년 월 일
(기관명)

[연습하기 4]

사례관리 과정지

사례번호			클라이언트		사례관리자	
일시	서비스명	서비스 (직접/ 간접)	접촉 방법	접촉 대상	서비스 제공내용	비고

(기관명)____________________

[연습하기 5]

사례관리 점검표

사례번호		클라이언트	
사례관리자		점 검 일	년 월 일

서비스점검			
단기목표	서비스명	서비스 실행점검	점검의견 (ct 및 사회복지사)

클라이언트의 참여 점검		
구 분	클라이언트	사회복지사
① 클라이언트의 참여도	/ 10	/ 10
② 클라이언트의 문제인식도	/ 10	/ 10
③ 목표달성 노력	/ 10	/ 10

욕구변화		
환경변화		
사회복지사 의견		□재사정 □유 지 □종 결

[연습하기 6]

사례관리서비스 평가표

<table>
<tr><td>사례번호</td><td></td><td>클라이언트</td><td></td><td>사례관리자</td><td></td></tr>
<tr><td>접수일</td><td colspan="2"></td><td>평가일</td><td colspan="2"></td></tr>
<tr><td colspan="6">만족도 조사</td></tr>
<tr><td colspan="3">문 항</td><td>① 전혀 그렇지 않다</td><td>② 그렇지 않다</td><td>③ 그렇다</td><td>④ 매우 그렇다</td></tr>
<tr><td colspan="3">1) 이 기관에서 받은 서비스는 나(와 가족)에게 큰 도움이 되었다.</td><td></td><td></td><td></td><td></td></tr>
<tr><td colspan="3">2) 나(와 가족)의 삶은 처음 이 기관에 왔을 때보다 지금 좋아졌다.</td><td></td><td></td><td></td><td></td></tr>
<tr><td colspan="3">3) 이 기관에서 받은 서비스를 통해 나(와 가족)는 문제를 다루는 방법을 배웠다.</td><td></td><td></td><td></td><td></td></tr>
<tr><td colspan="3">4) 나(와 가족)는 선생님에 대해 전반적으로 만족한다.</td><td></td><td></td><td></td><td></td></tr>
<tr><td colspan="3">5) 나(와 가족)는 이 기관에서 받은 도움에 대해 전반적으로 만족한다.</td><td></td><td></td><td></td><td></td></tr>
<tr><td colspan="7">단기목표 달성도 평가</td></tr>
<tr><td colspan="2">목표 1)</td><td colspan="5">목표 2)</td></tr>
<tr><td>달성도</td><td>성과내용</td><td colspan="2">달성도</td><td colspan="3">성과내용</td></tr>
<tr><td>( )</td><td></td><td colspan="2">( )</td><td colspan="3"></td></tr>
<tr><td colspan="2">목표 3)</td><td colspan="5">목표 4)</td></tr>
<tr><td>달성도</td><td>성과내용</td><td colspan="2">달성도</td><td colspan="3">성과내용</td></tr>
<tr><td>( )</td><td></td><td colspan="2">( )</td><td colspan="3"></td></tr>
<tr><td colspan="7">장기목표 달성도 평가</td></tr>
<tr><td colspan="7">장기목표 1)</td></tr>
<tr><td colspan="7">장기목표 2)</td></tr>
<tr><td colspan="7">기타 평가(척도활용 평가 등)</td></tr>
<tr><td colspan="7"></td></tr>
<tr><td colspan="7">사례관리 평가의견</td></tr>
<tr><td rowspan="2">평가의견</td><td colspan="6">☐ 종결 ☐ 유지(재사정 등) ☐ 타 기관 의뢰</td></tr>
<tr><td colspan="6"></td></tr>
</table>

[연습하기 7]

사례관리 종결보고서

<table>
<tr><td>사례번호</td><td></td><td>클라이언트</td><td></td><td>사례관리자</td><td></td></tr>
<tr><td>접수일</td><td colspan="2"></td><td>평가일</td><td colspan="2"></td></tr>
<tr><td>종결 유형</td><td colspan="5">☐ 장기목표달성 ☐ 단기목표달성
☐ 상황호전( ) ☐ 이사 또는 사망
☐ 연락두절 ☐ 거절이나 포기( )
☐ 자체종결( ) ☐ 기타( )</td></tr>
<tr><td rowspan="2">클라이언트 변화</td><td colspan="2">초기상황</td><td colspan="3">종결상황</td></tr>
<tr><td colspan="2"></td><td colspan="3"></td></tr>
<tr><td>사후관리 계획</td><td colspan="5"></td></tr>
<tr><td>사례관리자 의견</td><td colspan="5"></td></tr>
<tr><td rowspan="2">종결심사 의견</td><td colspan="5">☐ 종결 ☐ 재심사</td></tr>
<tr><td colspan="5"></td></tr>
</table>

[연습하기 8]

<table>
<tr><th colspan="6">사례관리 사후관리보고서</th></tr>
<tr><td>사례번호</td><td></td><td>클라이언트</td><td></td><td>사례관리자</td><td></td></tr>
<tr><td>접수일</td><td colspan="2"></td><td>종결일</td><td colspan="2"></td></tr>
<tr><td>주 소</td><td colspan="2"></td><td>연락처</td><td colspan="2"></td></tr>
<tr><td rowspan="3">1차
사후관리</td><td>날 짜</td><td></td><td>접촉
방법</td><td colspan="2">□전화상담
□내방상담
□가정방문 상담
□기타(　　)</td></tr>
<tr><td>접촉대상</td><td colspan="4"></td></tr>
<tr><td>현 상황 요약</td><td colspan="4"></td></tr>
<tr><td rowspan="3">2차
사후관리</td><td>날 짜</td><td></td><td>접촉
방법</td><td colspan="2">□전화상담
□내방상담
□가정방문 상담
□기타(　　)</td></tr>
<tr><td>접촉대상</td><td colspan="4"></td></tr>
<tr><td>현 상황 요약</td><td colspan="4"></td></tr>
<tr><td>사례
관리자
의견</td><td colspan="5"></td></tr>
<tr><td>추후계획</td><td colspan="5">□ 최종 종결　　□ 타 기관 의뢰(　　　　)
□ 재개입　　□ 기타(　　　　)</td></tr>
</table>

사례관리자 ______________ (인)

기관명 : ______________

사례 2. 장애인종합복지관 '홀로서기를 시작하는 청년의 꿈'

1) 사례관리자의 이야기

우찬이는 OO특수학교 전공과 2학년에 재학 중인 지적장애를 지닌 장애학생으로 복지관의 직업교육 및 훈련 프로그램 참여자이다.

20세인 우찬이는 5년 전 아버지가 사망하였고 1년 전 어머니는 보험사기로 인해 현재 교도소에 수감 중이다. 자립시가 고향이긴 하지만 가족 없이 혼자인 우찬이는 함께 살던 어머니(50세)마저 교도소에 수감되는 바람에 학기 중에는 기숙사에서 생활하고 주말이면 월세로 살고 있는 고향집으로 가서 혼자 생활하는데, 고향집에서 부모님과의 안 좋은 기억들이 계속 생각이 나서 혼자 있는 것이 많이 힘든 상황이다.

현재 우찬이의 보호자로는 삼달시에 살고 있는 큰 이모가 한 명 있어 명절에 한번씩 이모 집에 가서 지내고 오며 그 외 학교 담임선생님, 친구들 몇 명과 교류하며 지내고 있다.

직업훈련 프로그램에 참여하며 상담을 통해 알게 된 우찬이의 꿈은 20년 뒤 출소할 어머니와 함께 살 내 집을 마련하는 것이라고 한다.

개별직업목표 수립을 위해 함께 구체적인 상담과 직업평가를 실시한 결과, 우찬이는 외모가 준수하고 용모도 단정하며, 기본적인 언어이해력 및 지시수행능력이 우수한 것으로 나타났다. 전반적인 일상생활 및 사회생활능력 또한 부족한 영역(재정관리, 가정생활)의 적합한 훈련이 수반된다면 충분히 독립적인 생활이 가능한 정도이며 직업능력 또한 적절한 교육과 훈련으로 일반 사업장에서도 직업생활이 가능한 수준이다.

전공과 졸업 전까지 사회적·경제적 자립을 위해 취업을 목표로 ○○병원의 고객지원팀에서 민원응대 및 안내업무로 5개월의 현장훈련을 진행한 결과 고객지원팀 팀장과 동료들과의 관계도 원만하며 직무수행능력 또한 우수함을 인정받게 되어 1년 11개월 계약직으로 취업을 하게 되었다.

학교 졸업 후 월셋집을 구하던 중, 우찬이와 함께 경제적인 부분에 대해 상담을 진행하는 과정에서 기초생활수급자로 70만 원 정도의 생계비를 지원받고 있지만 이모가 엄마를 대신하여 통장, 도장 등을 가지고 생계비를 관리하며 우찬이에게는 한달에 3만 원의 용돈을 주는 것에 그치는 것을 알게 되었다.

복지관 담당자는 학교 담임교사와 상담하여 근로계약을 앞두고 앞으로의 자립 지원방향에 대해 논의하기 위해 이모를 만나서 통장내역을 확인한 결과, 생계비의 60%가 불필요한 생명보험(수익자 명의 : 모)에 지출이 되고 있음을 알게 되었다. 생명보험은 보험설계사를 하고 있는 이모가 우찬이의 의사와는 상관없이 가입을 한 상품으로 보험내역을 살펴봤을 때도 사망 시 지급되는 보장내역으로 실질적으로 도움이 되지 않는 상품으로 확인되었다. 복지관 담당자는 우찬이가 취업을 하게 되면 자립시의 월세로 살고 있던 집을 정리하고 직장 근처에 원룸을 구해서 생활을 하는 것이 좋을 것 같으며, 우찬이 또한 이러한 상황을 알고 보험을 모두 해지하고 싶어 하는 의사를 밝혔으나 이모는 엄마의 위임으로 보호자의 역할을 하고 있으니 막무가내로 보험 해지를 반대하며 당신들이 뭔데 상관이냐며 비협조적이었다.

이전에는 우찬이가 미성년자였지만 현재는 성인으로 본인의 선택권과 자기결정권이 존중되어야 하며, 취업이 된 이후에는 월급을 받아서 저축도 하고 혼자서 살아갈 준비를 해야 하기 때문에 담당자의 도움을 받아서 재정관리도 스스로 하고 싶어 하여 필요하지 않은 보험 해지 해결을 위해 개입을 하였으나 쉽지 않은 상황이다. 어머니에게 편지를 쓰고 화상접견을 통해 우찬이가 해지의사를 밝혔지만 교도소에 있는 보호자(모)와 이모는 동의를 해주지 않았다.

복지관 담당자는 이러한 상황을 보험회사에 연락하여 장애가 있을 경우 고지할 의무가 있으나 가입 당시 지적장애가 있음을 고지하지 않은 점, 동의를 구하지 않은 상황에서 보험가입이 된 점 등을 언급하고 교도소 수감 중인 당시 계약자가 해지 동의를 해주지 않음을 알리며 보험납부 중단 요청을 하였다.

또한 이모에게도 이러한 사실을 본인이 근무하는 회사에 고지할 경우 불리함이 있다는 것을 언급한 후, 우찬이가 이제 성인이니 통장 및 도장 등을 돌려주고 생계비 등 재정관리를 하지 않도록 조치하였으며 근로계약 체결 후, 직장 근처 원룸을 구하여 이사를 하였다. 이사 후, 행정복지센터를 방문하여 신규통장을 개설하고 공적수당(장애수당)을 받을 수 있도록 하였다.

취업을 한 이후 우찬이의 걱정은 "이모가 계속 전화해서 집을 알려달라고 하고 욕을 하며 무서운 말을 해요", "기숙사에서 살다가 혼자 살려니 밥 해먹는 거, 와이셔츠를 어디에 맡겨야 할지 막막해요"라고 이야기하였다.

우선 자립에 대한 의지가 매우 높은 우찬이의 경제적 독립생활을 유지하기 위하여 병원 인사담당자, 해당팀장, 동료들과의 원만한 관계를 맺어주며 직장생활에 잘 적응하도록 취업 이후에도 적응지원을 정기적으로 진행하였다. 또한 직장에서 점심과 저녁은 해결하지만 그 외 아침 및 휴일의 식사해결을 위하여 밑반찬지원 서비스를 연계하였지만 입맛에 맞지 않는다고 하여 중단하였으며 스스로 햇반과 반찬가게에서 반찬을 사서 먹는 방향으로 지내보기로 했다.

그렇게 3개월 정도 잘 지내 오다 갑자기 우찬이가 "너무 외롭고 계속 엄마 생각도 나고 힘들다"고 하며 잠을 잘 자지 못하는 등 힘듦을 호소하였다. 담당자는 지역 내 공동생활가정을 안내해 주었으나 본인이 키우고 있는 파충류(도마뱀)가 있기 때문에 함께 사는 것은 힘들다고 하여 정신건강의학과에 진료를 받아보기로 하였다. 우울증 진단으로 정기진료를 받으며 미래보건소 정신건강센터와 연계를 하여 정기적인 상담도 함께 진행하였다. 항상 웃으며 밝은 모습을 보이려는 우찬이는 혼자 있을 때 더욱더 외롭고 힘들어하는 상황으로 보여 담당자는 직장 동료들 외에 다양한 만남과 든든한 지원인이 필요하다고 생각하였다. 복지관 시민옹호사업에 참여를 권유하였으며 1 : 1 매칭을 위해 같은 지역에 살고 있는 40대 후반의 남성 시민옹호인을 소개해 주었다. 시민옹호인과의 1 : 1 정기적인 만남을 통해 신뢰관계를 형성하여 현재는 형이라고 부르며 우찬이가 힘들거나 도움이 필요할 때 연락을 주고받고 만나는 사이로 발전하였다. 항상 혼자이며 주위에 손길을 내밀 수 있는 어른이 없는 것이 안타까웠는데 함께 살고 있는 지역 내 든든한 이웃(어른)을 연결시켜 주어 쉬는 날이나 명절에도 안부연락을 하며 하고 싶은 활동도 함께하는 등 마음의 안정을 되찾아가는 것이 보였다.

또한 종교생활을 하고 싶어 하는 우찬이에게 성당의 청년회 가입을 통해 또래관계의 만남을 주선하고 건전하고 긍정적인 활동을 할 수 있는 기회를 제공하였으며 우찬이 또한 적극적으로 참여해 주어 현재는 약을 복용하지 않을 정도로 건강을 되찾고 안정적인 모습을 보여주고 있다.

우찬이가 바라던 내 집 마련을 위해 주택청약저축도 가입하고 본인의 꿈을 이루기 위해 주변의 도움을 받아 자립을 위한 준비를 차근차근 진행 중이다.

아직까지 보험 해지를 위한 동의절차가 이루어지지 않아서 해결하지 못한 부분도 있지만 무엇보다 우찬이의 절실한 꿈을 이루기 위해 강한 의지로 열심히 노력해 준 우찬이와 합의한 목표를 향해 전진하고 있다.

이제 21세가 된 우찬이가 앞으로 행복한 청년으로 살아가기 위해 안정적인 취업생활을 유지하며 일상생활에서 어려움이 생기더라도 시민옹호인과 담당자의 도움을 받아서 잘 해내리라 생각한다. 하지만 장기적으로 보았을 때 우찬이에게 가장 필요한 점은 자산관리, 재산, 신상보호 및 법적 보호를 받을 수 있는 장치를 마련하는 것으로, 후견인을 선임하고 연결해 주는 것이다. 올해 후견인 선임과정이 진행될 계획이다. 시간이 오래 걸리긴 하겠지만 자기결정권과 권리를 침해받지 않으며 살 수 있도록, 혼자가 아닌 든든하고 따뜻한 이웃들이 언제나 함께 있음을 알게 해주고 싶다.

2) 사례개요

(1) 사례제목 : '홀로서기를 시작하는 청년의 꿈'
– 정서적 · 경제적 학대에 놓인 지적장애인의 자립지원을 위한 개입사례 –

우찬이는 특수학교 전공과에 재학 중인 지적장애를 지닌 장애학생임. 우찬(20세)의 아버지는 5년 전 사망, 어머니는 1년 전 교도소 수감(20년 후 출소), 1인가구가 된 우찬이는 20년 뒤 출소할 어머니와 함께 행복하게 살기 위한 내 집을 마련하는 것이 꿈이라고 함.

기초생활수급자로 생계비를 지원받으면서 기숙사에서 지내며 학교생활을 하고 있지만 현재 보호자의 역할을 해주고 있는 이모가 생계비 수입관리를 하고 있으며 우찬이가 받고 있는 용돈은 월 3만 원 정도밖에 되지 않음.

취업을 위한 직업훈련에 참여하기 위해 복지관 담당자와의 상담 과정에서 우찬이가 힘들어하는 상황을 듣고 확인을 해본 결과, 생계비의 60%가 불필요한 생명보험에 지출이 되고 있었음. 생명보험은 보험설계사를 하고 있는 이모가 우찬이의 의사와는 상관없이 가입을 한 상품으로 보험내역을 살펴봤을 때도 실질적으로 도움이 되지 않는 상품으로 확인됨. 복지관 담당자가 이러한 상황을 이모에게 얘기하니 이모는 엄마의 위임으로 보호자의 역할을 하고 있으니 신경 쓰지 말라며 막무가내이고, 보험 해지를 반대하는 등 정서적, 경제적 학대 상황이 감지됨.

현재 성인이 되었으며 우찬이 또한 불필요한 보험이 과다지출되는 것이 싫어 해지하고 싶다는 의견을 보임. 해지를 하기 위해서는 교도소에 있는 보호자(모)의 동의가 필요하나 이모와 모는 허락하지 않고 있음.

재정관리는 모를 대신하여 이모가 담당하고 있었으나 불법 보험가입이라는 것을 이모에게 고지하며 우찬이의 수급비 등 재정관리를 하지 못하게 조치함.

복지관에서 현장훈련을 통해 OO병원 고객지원팀으로 취업이 확정되어 회사 근처 원룸을 구하여 독립생활을 유지하며 2년가량 지내고 있음.

복지관 훈련 담당자, 사례관리자, 직장 상사 및 동료, 시민옹호인 등 인적자원을 연계하여 일상생활 및 정서적 지원 등 다양한 서비스를 지속적으로 진행하고 있음. 현재 정서적으로 안정된 상태로 2년 동안 청약저축 가입 및 적금을 통해 목돈을 모으며 자립을 위한 준비를 지속적으로 하고 있음.

(2) 발굴 및 의뢰경로

드림장애인종합복지관 장애학생 현장훈련 프로그램 참여자였기 때문에 현장훈련을 통한 취업준비 과정에서 담당자와의 상담을 통해 상황을 알게 되어 사례관리를 진행하게 됨.

(3) 사례관리기간

2018년 5월 ~ 2022년 현재(3년 9개월)

(4) 클라이언트 정보

<table>
<tr><td>가구유형</td><td>단독가구</td><td rowspan="4">(가계도)
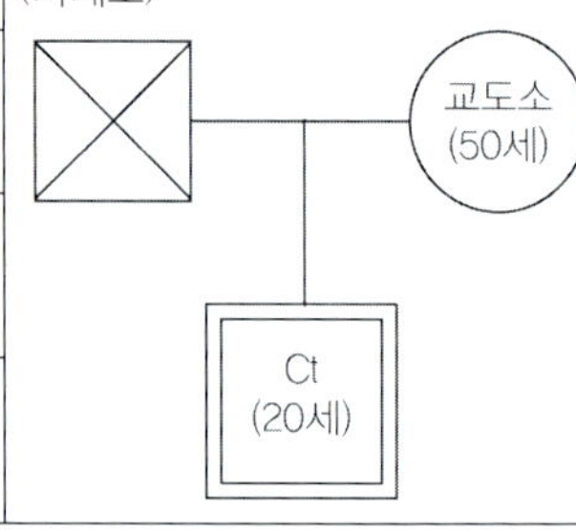
</td></tr>
<tr><td>가족사항</td><td>본인, 모(교도소 수감중), 부(사망)</td></tr>
<tr><td>경제사항</td><td>680,000원
(생계 48만 원, 장애수당 20만 원)</td></tr>
<tr><td>주거사항</td><td>원룸
(보증금 300만 원, 월 25만 원)</td></tr>
<tr><td>장애 및 건강사항</td><td colspan="2">장애관련 : 지적장애, 일상생활에 어려움이 없으나 사회생활 및 직업생활 관련 지원이 필요함.
건강사항 : 척추측만증, 신장질환, 우울증으로 인한 약복용 중</td></tr>
<tr><td>강점 및
사회적 자원망</td><td colspan="2">가족에 대한 애정이 많으며 자립에 대한 의지가 높음.
특수학교 담임교사의 관심이 많으며 적극 지원을 해주고 있음.</td></tr>
</table>

(5) 문제 및 욕구

유 형	내 용
일상생활 유지	■ 주요 욕구 학교를 졸업하면 자취를 하며 혼자 생활해야 하는데 밥, 빨래, 돈 관리를 어떻게 해야 할지 모르겠다. ■ 장애물 지적장애로 인한 가사활동 및 독립생활의 어려움
경제	■ 주요 욕구 월급을 받으면 저축을 해서 어머니가 출소 후 함께 살 내 집 마련을 하고 싶다. ■ 장애물 금전관리의 어려움, 이모의 개입(불필요한 보험 가입 권유 및 보험료 과다 지출)
(추가)	*(추가로 작성해 봅시다)*

(6) 목표

단기목표	장기목표
• 일상생활지원을 통한 신체적, 정신적 건강관리 • 사회참여 및 경제활동을 위한 취업 연계 • 사회적 관계망 확대를 통한 정서적 지지체계 마련 • 동의 없이 진행한 불필요한 보험정리 및 재정계획 수립	• 일상생활지원 및 고용유지를 통한 사회적, 경제적 자립 기반 마련

(7) 개입과정

기 간	서비스 내용
2018. 5.	• 복지관 직업교육 및 훈련로그램 참여 선정
2018. 6.	• Ct 상담(직업상담 및 평가, 진로계획 수립)
2018. 7. ~ 11.	• 직업교육 및 ○○병원 현장훈련
2018. 10. ~ 11.	• Ct 면담(가정상황 및 위기상황 파악) • Ct 학교 담당교사 및 Ct 이모 면담 • 보험회사 연락 및 보험 중단 • 거주지 이전(집계약), 통장 신규 개설 및 행정업무지원
2018. 12.	• ○○병원 취업(근로계약체결, 1년 11개월)
2019. 3. ~ 2019. 12.	• 밑반찬서비스 지원(개인중단 의사로 종료) • 재정관리교육 • 보호자(모) 접견 지원 • 건강관리를 위한 동행진료(신장, 허리, 우울증 등) • 미래보건소 정신건강센터 연계(정기적인 상담)
2019. 5. ~ 현재	• 시민옹호사업 참여(시민옹호인 매칭, 자조모임, 권익옹호교육 참여)
2018. 12. ~ 2020. 10.	• ○○병원 근무(Ct, 담당부서장, 동료 상담 및 취업 후 적응지원)
2020. 11. ~ 2021. 4.	• 계약종료에 따른 재취업을 위한 지원계획수립 및 지원 (운전면허 자격 취득, 정보화교육, 재취업준비)
2021. 5. ~ 현재	• ○○병원 재입사(근로계약체결, 1년 3개월) • 주택청약저축가입
2021. 11.	• 발달장애인지원센터 후견인 지원 신청
2021. 12.~현재	• Ct의 의사에 따른 종교활동 참여 • ○○성당 청년회 및 모임 활동 연계

3) 실습 양식

[연습하기 1]

인테이크 기록지

<table>
<tr><td>이용자번호</td><td colspan="3"></td><td colspan="2">상담일자</td><td colspan="2"></td></tr>
<tr><td>상담방법</td><td colspan="3">□방문 □내방 □전화</td><td colspan="2">상 담 자</td><td colspan="2"></td></tr>
<tr><td>접수경로</td><td colspan="7">□클라이언트 직접요청(방법 :) □사례관리자의 발굴
□기관 내부 의뢰( ) □타 기관 의뢰( )
□주민의뢰( ) □기타( )</td></tr>
<tr><td colspan="8">클라이언트 및 가족현황</td></tr>
<tr><td>성 명</td><td colspan="2"></td><td>성 별</td><td>□남 □여</td><td>생년월일</td><td colspan="2"></td></tr>
<tr><td>주 소</td><td colspan="4"></td><td>연락처</td><td colspan="2"></td></tr>
<tr><td>결혼관계</td><td colspan="7">□미혼 □기혼 □이혼 □사별 □재혼 □기타( )</td></tr>
<tr><td rowspan="5">가족관계</td><td>관계</td><td>성명</td><td>나이/ 성별</td><td>직업</td><td>동거여부</td><td>연락처</td><td>기타</td></tr>
<tr><td></td><td></td><td></td><td></td><td></td><td></td><td></td></tr>
<tr><td></td><td></td><td></td><td></td><td></td><td></td><td></td></tr>
<tr><td></td><td></td><td></td><td></td><td></td><td></td><td></td></tr>
<tr><td colspan="7">특이사항 :
(비상연락처 : /)</td></tr>
<tr><td>세대유형</td><td colspan="7">□1인가구세대 □노인세대 □조손세대 □한부모세대
□장애인세대 □부모자녀세대 □기타( )</td></tr>
<tr><td rowspan="3">대상분류</td><td rowspan="3">보호구분</td><td colspan="6">□수급자 (□생계급여 □의료급여 □주거급여 □교육급여) □조건부수급자</td></tr>
<tr><td colspan="6">□차상위계층 (□한부모 □차상위계층 □자활 □본임부담경감 □장애인)</td></tr>
<tr><td colspan="6">□일반 및 기타 ( )</td></tr>
<tr><td rowspan="3">주거상황</td><td>주거형태</td><td colspan="6">□일반주택(지상/ 지하) □다세대주택 □아파트 □기타( )</td></tr>
<tr><td>소유형태</td><td colspan="6">□자가 □전세(만원) □월세(보증금 만원, 월세 만원) □무료임대
□공공임대(보증금 : 만원, 월세 : 만원) □기타( )</td></tr>
<tr><td colspan="7">특이사항:</td></tr>
<tr><td rowspan="4">경제상황</td><td>월 수입</td><td colspan="6">□근로소득(만원) □연금/ 수당(만원) □후원금(만원)
□공공급여(생계급여 : 만원, 주거급여 : 만원) □기타(만원)
총 수입 : 원</td></tr>
<tr><td>월 지출</td><td colspan="6">□주거비(만원) □주부식비(만원) □의료비(만원)
□통신비(만원) □교통비(만원) □기타(만원)
총 지출 : 원</td></tr>
<tr><td>부 채</td><td colspan="6">□유(만원, 부채경위 :) □무</td></tr>
<tr><td colspan="7">특이사항 :</td></tr>
<tr><td rowspan="4">건강상황</td><td>건강 정도</td><td colspan="2">□양호 □보통 □허약</td><td>질 병</td><td colspan="2">□유( ) □무</td></tr>
<tr><td>장애 유무</td><td>□유 □무</td><td>장애유형</td><td>( )장애</td><td>보장구</td><td colspan="2">□유( )
□무</td></tr>
<tr><td>치료 기관</td><td></td><td>장애정도</td><td>□심한
□심하지 않은</td><td>복용약물</td><td colspan="2"></td></tr>
<tr><td colspan="7">특이사항 :</td></tr>
<tr><td>주요문제</td><td colspan="7"></td></tr>
<tr><td>상담자 의견</td><td colspan="7"></td></tr>
</table>

[연습하기 2]

사정기록지

이용자번호		성 명		사례관리자	
일 시		유 형	□ 신규 □ 재사정	정보제공자	

<table>
<tr><td colspan="6">1. 인적사항</td></tr>
<tr><td>성 명</td><td colspan="2"></td><td>성 별</td><td>□남 □여</td><td>생년월일</td><td></td></tr>
<tr><td>주 소</td><td colspan="4"></td><td>연락처</td><td></td></tr>
<tr><td>세대유형</td><td colspan="6">□1인가구세대 □노인세대 □조손세대 □한부모세대
□장애인세대 □부모자녀세대 □기타( )</td></tr>
<tr><td rowspan="3">대상분류</td><td rowspan="3">보호구분</td><td colspan="5">□수급자 (□생계급여 □의료급여 □주거급여 □교육급여)
□조건부수급자</td></tr>
<tr><td colspan="5">□차상위계층 (□한부모 □차상위계층 □자활 □본임부담경감 □장애인)</td></tr>
<tr><td colspan="5">□일반 및 기타 ( )</td></tr>
<tr><td rowspan="3">주거상황</td><td>주거형태</td><td colspan="5">□일반주택(지상/ 지하) □다세대주택 □아파트 □기타( )</td></tr>
<tr><td>소유형태</td><td colspan="5">□자가 □전세(만원) □월세(보증금 만원, 월세 만원) □무료임대
□공공임대(보증금 : 만원, 월세 : 만원) □기타( )</td></tr>
<tr><td colspan="6">특이사항 :</td></tr>
<tr><td rowspan="4">경제상황</td><td>월 수입</td><td colspan="5">□근로소득(만원) □연금/ 수당(만원) □후원금(만원)
□공공급여(생계급여 : 만원, 주거급여 : 만원) □기타(만원)
총 수입 : 원</td></tr>
<tr><td>월 지출</td><td colspan="5">□주거비(만원) □주부식비(만원) □의료비(만원)
□통신비(만원) □교통비(만원) □기타(만원)
총 지출 : 원</td></tr>
<tr><td>부 채</td><td colspan="5">□유(만원, 부채경위 :) □무</td></tr>
<tr><td colspan="6">특이사항 :</td></tr>
</table>

2. 사례개요
1) 개인력 2) 가족력 3) 사회심리적 상황 4) 강점

<table>
<tr><td colspan="2">3. 가계도 및 생태도</td></tr>
<tr><td>가계도</td><td>생태도</td></tr>
<tr><td></td><td></td></tr>
</table>

4. 욕구 및 자원사정						
구분	영역	제시된 욕구	이용 가능한 자원(강점)	내외적 장애물	우선 순위	욕구 수준
안전	□ 가족 내 안전 유지 □ 가족 외부로부터 보호 □ 기타					
건강	□ 신체적 건강 유지 □ 정신적 건강 유지 □ 기타					
일상생활 유지	□ 의식주 관련 일상생활 유지 □ 여가생활 활용 □ 기타					
가족관계	□ 관계형성 □ 가족돌봄 □ 기타					
경제	□ 기초생활 해결 □ 자산관리 □ 기타					
교육	□ 기초지식 습득 및 향상 □ 교육개선 □ 기타					
직업	□ 취(창)업 □ 기타					
생활환경	□ 주거 내부환경 개선 □ 주거 외부환경 개선 □ 기타					
법률 및 인권보장	□ 법률적 지원 □ 차별개선, 권익보장					
기타	□ (　　　　　)					

척도를 이용한 사정	척도종류	결과
사례관리자 의견		
강점 활용방안		
사례관리 수준판정	□ 사례관리 진행	□ 서비스 단순 이용

[연습하기3]

개별화 개입 계획서

이용자 번호		성명		사례 관리자		일시		유형	□ 신규 □ 재사정	사례 관리 수준	□ 집중 □ 일반
장기 목표											
강점											

우선 순위	제시된 욕구		합의된 목표	실천계획		빈도 (회/ 주)	연계자원 및 서비스		개입기간
				클라이언트	사례관리자		내부	외부	
1									
	⑩ 욕구 수준	개입 전 ( )							
2									
	⑩ 욕구 수준	개입 전 ( )							
3									
	⑩ 욕구 수준	개입 전 ( )							

사례관리 동의서

1. 귀하와 합의된 내용 이외의 목적으로 개인정보가 노출되지 않도록 하겠습니다.
2. 모든 사례관리 내용은 귀하와 합의하에 진행하도록 하겠습니다.
3. 본 복지관은 귀하의 사회복지욕구를 해결하기 위해 최선의 사례관리 서비스를 제공하도록 노력하겠습니다.

사례관리자 : ______________ (인)
기 관 명 : ______________ (인)

---

1. 본인은 사례관리 서비스의 계획 및 진행내용에 대한 설명을 충분히 듣고 이해했습니다.
2. 본 동의서 작성일로부터 귀 복지관에서 제공하는 사례관리 서비스를 제공받는 것에 동의합니다.
3. 사례관리 서비스를 위해 필요한 정보를 제공하는 등 제반 활동에 함께 참여하겠습니다.
4. 본인은 함께 협력하는 데 있어 정보가 변경되거나, 서비스 계획이 변경 될 시 사례관리자와 상의하도록 하겠습니다.
5. 계획 당초 성실성 및 정보내용이 상이할 시 목표와 그에 따른 서비스가 조정되거나 중단될 수 있음을 숙지하였습니다.

성 명 : ______________________ (인)
후견인 : __________(관계 : ______) (인)

[연습하기 4]

서비스점검표

<table>
<tr><td>이용자번호</td><td></td><td>성 명</td><td></td><td>사례
관리자</td><td></td></tr>
<tr><td>일 시</td><td colspan="2"></td><td>유 형</td><td colspan="2">☐ 신규 ☐ 재사정</td></tr>
</table>

<table>
<tr><td>우선
욕구</td><td colspan="2">제시된 목표</td><td>실행계획</td><td>개입기간
(빈도)</td><td>점검내용
(사례관리자 의견)</td></tr>
<tr><td rowspan="2">1</td><td colspan="2"></td><td rowspan="2"></td><td rowspan="2"></td><td></td></tr>
<tr><td>욕구
수준</td><td>개입 전( )
개입 후( )</td><td>☐ 달성 ☐ 연장
☐ 재사정 ☐ 기타</td></tr>
<tr><td rowspan="2">2</td><td colspan="2"></td><td rowspan="2"></td><td rowspan="2"></td><td></td></tr>
<tr><td>욕구
수준</td><td>개입 전( )
개입 후( )</td><td>☐ 달성 ☐ 연장
☐ 재사정 ☐ 기타</td></tr>
<tr><td rowspan="2">3</td><td colspan="2"></td><td rowspan="2"></td><td rowspan="2"></td><td></td></tr>
<tr><td>욕구
수준</td><td>개입 전( )
개입 후( )</td><td>☐ 달성 ☐ 연장
☐ 재사정 ☐ 기타</td></tr>
<tr><td colspan="3">클라이언트의 변화</td><td colspan="3"></td></tr>
<tr><td colspan="3" rowspan="2">사례관리자 평가</td><td colspan="3">☐ 종결 ☐ 재사정 ☐ 의뢰</td></tr>
<tr><td colspan="3"></td></tr>
</table>

[연습하기 5]

평가보고서

이용자 번호		성명		사례 관리자		일시		유형	□ 신규 □ 재사정	사례관리 수준	□ 집중 □ 일반

우선순위	제시된 욕구		합의된 목표	실천계획	빈도(회/주)	담당(기관(부서)/담당)		개입기간	① 평가
						내부	외부		
1									□ 달성(정도 :) □ 유지 □ 재계획 □ 종결 □ 의뢰
	욕구 수준	개입 전( )/ 개입 후( )							
2									□ 달성(정도 :) □ 유지 □ 재계획 □ 종결 □ 의뢰
	욕구 수준	개입 전( )/ 개입 후( )							
3									□ 달성(정도 :) □ 유지 □ 재계획 □ 종결 □ 의뢰
	욕구 수준	개입 전( )/ 개입 후( )							

가계도 및 생태도 개입 전·후 비교 사례		개입 전	개입 후
평가결과에 대한 종합의견	클라이언트의 만족도		
	클라이언트의 변화 정도		
	사례관리자 평가		

[연습하기 6]

종결보고서

<table>
<tr><td>작성일</td><td></td><td>사례관리자</td><td></td></tr>
<tr><td>성명(성별)</td><td></td><td>생년월일</td><td></td></tr>
<tr><td>계약일</td><td></td><td>종결일</td><td></td></tr>
<tr><td rowspan="3">종결유형
및 사유</td><td>유 형</td><td colspan="2">사 유</td></tr>
<tr><td>☐ 클라이언트에 의한 종결</td><td colspan="2">☐ 사망 ☐ 시설입소
☐ 타 지역 이주 ☐ 목표달성
☐ 거절이나 포기 ☐ 상황호전
☐ 약속불이행 ☐ 타 기관 이용
☐ 기타( ) (이용기관 :)</td></tr>
<tr><td>☐ 사례관리자에 의한 종결</td><td colspan="2">☐ 상호간의 관계형성의 어려움
☐ 클라이언트의 소극적 참여</td></tr>
<tr><td>서비스
제공요약</td><td colspan="3"></td></tr>
<tr><td>클라이언트
및 가족의
변화</td><td colspan="3"></td></tr>
<tr><td>사례
관리자
의견</td><td colspan="3"></td></tr>
<tr><td>사후관리/
의뢰계획</td><td colspan="3"></td></tr>
</table>

[연습하기 7]

사후관리보고서

<table>
<tr><td>작성날짜</td><td colspan="2"></td><td>사례관리자</td><td></td></tr>
<tr><td>성명(성별)</td><td colspan="2"></td><td>생년월일</td><td></td></tr>
<tr><td>계약일</td><td colspan="2"></td><td>종결일</td><td></td></tr>
<tr><td rowspan="3">1차
사후관리</td><td>상담일</td><td></td><td>방 법</td><td>☐ 전화 ☐ 내방 ☐ 방문 ☐ 기타</td></tr>
<tr><td>상담대상</td><td colspan="3">☐ 클라이언트 ☐ 가족 ☐ 기타( )</td></tr>
<tr><td>상담내용</td><td colspan="3"></td></tr>
<tr><td rowspan="3">2차
사후관리</td><td>상담일</td><td></td><td>방 법</td><td>☐ 전화 ☐ 내방 ☐ 방문 ☐ 기타</td></tr>
<tr><td>상담대상</td><td colspan="3">☐ 클라이언트 ☐ 가족 ☐ 기타( )</td></tr>
<tr><td>상담내용</td><td colspan="3"></td></tr>
<tr><td rowspan="3">3차
사후관리</td><td>상담일</td><td></td><td>방 법</td><td>☐ 전화 ☐ 내방 ☐ 방문 ☐ 기타</td></tr>
<tr><td>상담대상</td><td colspan="3">☐ 클라이언트 ☐ 가족 ☐ 기타( )</td></tr>
<tr><td>상담내용</td><td colspan="3"></td></tr>
<tr><td>사례
관리자
의견</td><td colspan="4"></td></tr>
<tr><td>추후
계획</td><td colspan="4">☐ 재개입 ☐ 타 기관 의뢰 ☐ 종결 확정 ☐ 기타( )</td></tr>
</table>

참고문헌

강홍구(2016). 사례관리. 경기 : 정민사.

강홍구 · 김신열 · 배진희 · 강승원(2015). 사회복지시설 서비스 질 향상을 위한 평가제도 개선방향 연구. 전주대학교 산학협력단.

곽미정 · 홍희석(2016). 사례관리론. 서울 : 창지사.

국가법령정보센터(2021). 사회보장급여의 이용 제공 및 수급권자 발굴에 관한 법률. https://www.law.go.kr.

권진숙(2012). 복지서비스 환경변화와 사례관리. 한국사례관리학회 춘계학술대회자료집, 59.

권진숙 · 김상곤 · 김성천 · 유명이 · 이기연(2012). 사례관리 전문가 교육 실무자 기초과정. 서울 : 학지사.

김건희 · 안외자 · 양정안 · 이대주 · 이태숙(2016). 사회복지사례관리론. 서울 : 동문사.

김상곤 · 김성경 · 김성천 · 김혜성 · 민소영 · 박선영 · 박지영 · 백은령 · 유명이 · 유서구 · 이기연 · 조미숙 · 조현순 · 황성철(2012). 사례관리론. 서울 : 학지사.

김선정(2013). 사회복지사가 경험한 강점관점 해결중심 사례관리 실천 과정에 관한 연구. 숭실대학교 대학원 사회복지학과 석사학위논문.

김성경(2020). 사회복지 사례관리론. 경기 : 공동체.

김성천(2012). 사례관리 기초. 서울 : 학지사.

김영종 · 민소영 · 김영미 · 김찬우 · 임정기 · 홍현미라(2007). 사회복지 성과측정기법. 서울 : 학지사.

김종일 · 최혜지(2006). 쉽게 쓴 노인복지론. 서울 : 청목출판.

김천시청 홈페이지, https://www.gc.go.kr.

김혜란 · 홍선미 · 공계순(2016). 사회복지실천기술론. 경기 : 나남.

류명원(2006). 한국 재가노인복지의 사례관리 모형에 관한 연구. 원광대학교 대학원 박사학위논문.

류애정(2013). 공공영역사례관리자의 역할수행에 대한 실증적 분석 : 희망복지지원단을 중심으로. 한국지역사회복지학, 181-201.

미국사례관리사협회(2021). what-is-a-case-manager. https://cmsa.org/who-we-are.

박미은(2020). 사회복지사를 위한 사례관리. 서울 : 양서원.

박현수(2009). 생태체계적 관점에서 본 기혼여성과 한부모 여성의 취업영향 요인 비교연구. 청주대학교 대학원 박사학위논문.

보건복지부(2016). 생애주기별 맞춤형 복지 사례집. 서울 : 후후컴퍼니.

보건복지부(2016). 희망복지지원단 통합사례관리 실천가이드. 한국보건복지인력개발원.

사례관리학회편(2020). 사례관리론. 서울 : 학지사.

사회복지교육연구센터(2013). 사회복지실천기술론. 나눔의집.

서울시복지재단(2010). 사회복지관 프로그램 매뉴얼 지역사회보호사업 : 사례관리 실천 매뉴얼. 서울시복지재단.

설진화(2009). 사례관리론. 경기 : 양서원.

양정남 · 권구영 · 김화선 · 최은정 · 한혜경(2009). 사례관리. 경기 : 양서원.

양희택 · 복종엽 · 임아리(2013). 경기도 발달장애인 생애주기별 복지욕구 연구. 경기복지재단.

엄명용 · 김성천 · 오혜경 · 윤혜미(2011). 사회복지실천의 이해. 서울 : 학지사.

영국사례관리사협회 CMSUK.(2018). Code of Ethics and Conduct in Case Management Practice. https://www.cmsuk.org.

윤철수 · 김연수(2014). 사례관리 표준안에 관한 탐색적 연구. 한국사례관리학회 춘계학술대회 자료집, 5(1), 17-44.

이용창(2016). 사례관리 사정단계에서 PIE 체계의 활용방안 연구. 한국사례관리학회, 7, 21-41.

이재용(2016). 사례대상자와 지역사회를 연계하는 현장중심의 통합사례관리. 서울 : 창지사.

이진우(1999). 결손가정의 사례관리 적용에 관한 연구. 대구대학교 대학원 석사학위논문.

인천기독교종합사회복지관 · 김성철(2017). 사례관리사업실천서 2판(지역사회복지관의 사례관리 운영체계 & 시스템 구축 과정을 중심으로). 서울 : 신정.

정성배 · 장연식 · 조승서 · 김학재 · 맹두열(2019). 사회복지 사례관리의 이론과 실제. 서울 : 창지사.

조윤선(2019). 민관협력 사례관리를 위한 역할 인식과 협력방안 연구. 전주대학교 사회복지학과 석사학위논문.

조정선(2017). 대학생의 학습코칭 참여경험 탐색. 숭실대학교 교육대학원 석사학위논문.

최선희 · 정재연(2019). 현장기반 사회복지 사례관리 실제. 경기 : 지식공동체.

최옥채(2005). 사회복지사를 위한 조직화 기술. 경기 : 학현사.

최유경(2013). 사회복지사의 직무능력이 사례관리자의 역할수행에 미치는 영향 : 장애인복지관을 중심으로. 경기대학교 대학원 석사학위논문.

채현탁(2006). 지역사회중심의 독거노인 사회적 지지망 강화 방안. 대구대학교 대학원 박사학위논문.

한국사례관리학회(2016). 사례관리전문가 심화과정 교육. 서울 : 학지사.

한국사례관리학회(2020). 사례관리론. 서울 : 학지사.

한국장애인개발원 중앙장애아동 발달장애인지원센터(2013). 발달장애인가족 사례관리 매뉴얼 개발 연구. 한국장애인개발원.

황성철(1995). 사례관리실천을 위한 모형 개발과 한국적 적용에 관한 연구. 한국사회복지학, 27, 275-304.

Ballew, J. R., & Mink, G.(1996). *Case management in social work : Developing the professional skills needed for work with multiproblem clients*(2nd ed.). Springfield, IL : Charles C Thomas Publisher.

Bronfenbrenner, V.(1979). *The Ecology of human development*. Cambridge : Havard Uni. Press.

Early, T. J., & Poertner, J.(1995). Examining current approach to case management for families with children who have serious emotional disorders. In B. J. Friesen, & J. Poertner(Eds.), *From case management to service coordination for children with emotional, behavioral, or mental disorder*(pp. 37-39). NY : Paul H. Brooks Publishing.

Floland, C., Panncoast, D., Chapman, N., & Kimboko, P.(1981). *Helping network and human services*. Beverly Hills, CA : SAGE Publication.

Grinffith, R.(1988). *Community care : Agenda for action, The Grinffiths Report*. London : HMSO.

Gursansky, D., Harvey, J., & Kennedy, R.(2003). *Case management*. New York : Columbia University Press.

Hall, J. A., Carswell, C., Walsh, E., Huber, D. L., & Jampoler, J. S.(2002). Iowa case management : Innovative social casework. *Social Work, 47*(2), 132-141.

Hartman, A.(1978). Diagrammatic assessment of family relationships. Social *Casework, 59*(8), 465-476.

Miley, K. K., O'Melia M., & DuBois, B. L.(2017). *Generalist social work practice : An Empowerment Approach*. Boston : Pearson.

Moxley, D. P.(1989). *The practice of case management*. CA : Sage Publication.

Moxley, D. P.(2004). 효과적인 복지서비스를 위한 케이스메니지먼트 실천론(제2판). 홍익제.

National Association of Social Work(2013). *NASW standards for social work case management*. NASW.

Ross, S. M., & Moore, V. L.(1995). *Case management : Encyclopidia of social work*(19th ed.). NASW Press.

Rothman, J. C.(1991). A Model of case management : Toward empirically based practice. *Social Work, 36*(6), 520-528.

Saleebey, D.(1996). The strengths perspective in social work practice : Extensions and cautions. *Social Work, 41*, 296-305.

Tracy, E. M., & Wittacker, J. K.(1990). The social network map : Assessing social support in clinical practice. *The Journal of Contemporary Human Services, 71*(8), 461-470.

Weil, M., & Karls, J.(1985). *Case management in human service practice.* San Francisco : Jossey Bass.

Woodside, M. R., & McClam, T.(1997). *General case management : A Method of Human Service Dlivery*(2nd ed.). CA : Tomson Brooks/Cole.

찾아보기

인명

내용

저/자/약/력

■ **장덕희 _ 제1장, 제2장**
現 위덕대학교 사회복지학과 교수
경주시지역사회보장대표협의체 위원
포항시장애인종합복지관 자문위원

■ **김성준 _ 제7장**
前 달서구본동종합사회복지관 사례관리팀 선임사회복지사
: 대구광역시 달서구 송현2동 지역사회보장협의체 위원
現 포항시장애인종합복지관 운영지원팀 선임사회복지사

■ **김소희 _ 제9장, 제10장**
現 포항시장애인종합복지관 사례관리팀 선임사회복지사

■ **김정기 _ 제4장, 제5장**
前 달서구학산종합사회복지관 지역조직팀 선임사회복지사
포항시장애인종합복지관 지역조직팀 선임사회복지사
現 구미종합사회복지관 서비스제공팀 선임사회복지사

■ **김혜수 _ 제8장, 제11장**
前 서울성북구립월곡종합사회복지관 사례관리팀 사회복지사
서울시립성북노인종합복지관 사례관리과 대리
: 서울시 성북구 지역사회보장협의체 통합사례관리분과 위원/ 서울시 사회복지사협회 위기대응사업 위원
現 포항시장애인종합복지관 사례관리팀 사회복지사

■ **성준엽 _ 제3장**
前 대구가톨릭사회복지회 근무
: 김천부곡사회복지관, 김천시노인종합복지관, 달서구학산종합사회복지관, 대구고산노인복지관, 대구상인종합복지관, 포항시장애인종합복지관 근무
現 구미종합사회복지관 지역조직팀 과장

■ **엄혜련 _ 제6장, 제12장**
現 포항시장애인종합복지관 사례관리팀 과장

현장기반 사례관리

|공저자| 장덕희 · 김성준 · 김소희 · 김정기 · 김혜수 · 성준엽 · 엄혜련

|1판 1쇄| 발행 2024년 2월 20일
|1판 2쇄| 발행 2025년 2월 28일

|발행인| 김 동 훈
|발행처| 공 동 체

|주소| 경기도 고양시 일산동구 호수로 358-39, 동문타워 I 905호(백석동)
|전화| 031) 814-3000(대표)
|팩스| 031) 814-3100
|홈페이지| http://www.compub.co.kr
|전자우편| compub@naver.com
|출판등록| 2005년 10월 6일
|등록번호| 제396-2005-36호

|ISBN| 979-11-6725-553-2
정가 18,000원